KB268213

타인을 기록하는 마음

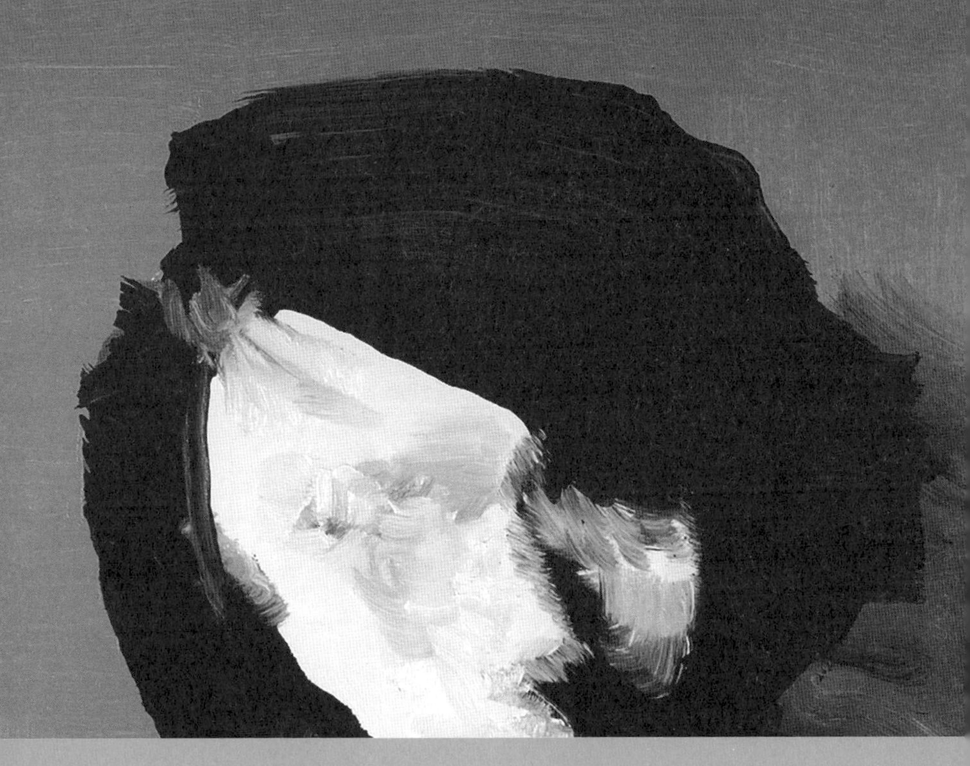

타인을 기록하는 마음

Broader Perspective for Strangers

이수정 에세이

지금 당신의 눈이 아닌 다른 시선으로
타인을 바라볼 때 알 수 있는 더 풍요한 세계
작고 연약한 존재들을 기록하는 신중한 목소리

작고 연약한
존재들을 위하여

나와 다른 타자와 함께 살아야 하는 것은
더 이상 피할 수 없는 현실이다.
따라서 우리가 스스로에게 던지고
자꾸 답을 찾아가야 하는 질문은
'왜 이들이 여기에 살고 있는가'가 아니라
'어떻게 하면 모두가 행복하게
함께 살아갈 수 있는가'로 바꾸어야 할 것이다

지나온 거리
5만 킬로미터

2018년 여름은 정말 더웠다. 다른 어떤 수식어도 필요 없이 '더
웠다'라는 말 외에는 그해 날씨를 설명할 방법이 없었다. 정말
더웠다. 햇빛이 날카롭게 가시를 세워 내리찍던 그 시기, 나는
거리에 있었다. 태어나서 한 번도 가보지 못한 곳, '우리나라에
이런 곳도 있구나' 하는 곳을 헤집고 다니던 중이었다.

그해 6월, 제주도에 예멘 난민이 입도했고 이들로 인해 우
리 사회는 갈등과 대립 상황에 놓이게 되었다. 국내에 존재하는
무슬림과 그들의 종교 생활에는 이전까지 전혀 관심 없었는데
불현듯 궁금해졌다.

'우리나라에도 모스크(성원)와 무살라(예배소)가 있을까?'

‘우리나라에 있는 무슬림은 어떻게 살고 있을까? 건물을 아름답게 하고 살고 있을까?’

제주도 난민 관련 갈등 상황 속에서 내가 할 수 있는 일은 실질적으로 존재하지 않았다. 오히려 그동안 연구한 이슬람과 이슬람 예술, 특히 모스크 건축을 활용해 우리 안에 있는 무슬림을 제대로 조망하는 것이 모두를 위함이라고 생각했다. 이때만 해도 사람에 대한 관심이 아니라 건물과 공간, 종교 그 자체에 대한 호기심이었다. 막상 연구하겠다고, 아니, 연구라는 거창한 생각도 하지 못한 채 컴퓨터 앞에 앉아 계획을 세우기 시작하자마자 막막해졌다. 어디서부터 어떻게 무엇을 시작해야 하는 것일까. 포털 사이트와 지도 앱을 무작정 뒤지기 시작했다. 키워드를 하나씩 넣어보니 상상해본 적 없는 검색 결과가 등장했다.

지도 위에 등장한 모스크와 무살라의 이름은 생각보다 많았다. 이럴 리가 없는데…. 호흡을 가다듬고 우선 한 곳만 가보자 생각하고는 구미에 있는 모스크를 찍었다. 대기업과 대규모 생산 설비 이탈로 노동자가 줄어들면서 지역 상권이 무너진 곳 한가운데 모스크가 있었다. 그곳 한쪽에 다층 건물을 리모델링해서 모스크로 사용하고 있었다. 모스크를 가득 메우고 있는 사람들은 인도네시아 출신 무슬림이었다. 모스크 주변은 유흥 시설로 가득했고 정비되지 않은 오래된 도심은 차를 끌고 들어가거나 돌아 나오기가 쉽지 않았다.

어느 날 갑자기 무턱대고 찾아와 모스크 안에 들어가도 되냐고 묻는 한국 사람을 그들은 반갑게 맞아주었다. 인도네시아에서 들여온 음료수를 지하 간이매점에서 하나 가져와 나에게 건넸다. 나는 한국어와 영어, 구글 번역기까지 모든 소통 방식을 동원해 대화를 이어갔다. 모스크 3층에서는 인도네시아 사람들이 운영하는 모스크와 무살라 관리자들이 모여 회의하고 있었다. 3층으로 올라가 문을 여는 순간이었다. 족히 40~50여 명 정도 되는 눈들이 나를 향했다.

'아… 망했다. 아니다, 대박인가?'

간단한 인도네시아어 인사말조차 모르는데도 나는 둥글게 모여 앉은 무슬림 사이를 뚫고 지나가 어느새 마이크를 쥐고 자기소개를 하고 있었다. 함께 잘 지냈으면 좋겠다 등의 틀에 박힌 대사로 정신없이 이야기하는 와중에 머릿속에서는 '망했다'와 '대박인가'가 계속 반복하며 떠올랐다. 이 사람들 모두가 종교 시설을 운영하고 있다면 이슬람 종교 시설이 우리나라에 도대체 얼마나 많이 있는 것인지, 그렇다면 도대체 왜 지금까지 본 적 없었던 것인지 등 답을 알 수 없는 질문이 머릿속을 가득 채웠다. 구미 모스크의 환대와 기분 좋은 인터뷰에 감사를 전하

     타인을 기록하는 마음

고 밖으로 나오자 마음 한구석에 확신이 들었다.

'그래, 모스크를 찾아가보자!'

그렇게 여정은 시작되었다. 2018년 당시 온라인에서 검색하고 방문 가능한 이슬람 종교 시설은 50곳이 조금 넘는 수준이었다. 전국적으로 가장 많은 수가 분포해 있던 경상권부터 돌아보기로 했다. 그렇게 시작된 한국 내 이슬람 종교 시설 방문으로 2018년 여름 동안 54곳을 돌아보았고 같은 해 겨울까지 방문한 종교 시설은 70곳을 넘어섰다. 차로 돌아다닌 거리는 2018년 한 해 동안 무려 5만 킬로미터에 달했다. 온종일 차 안에 앉아 있던 날이 쌓여갔고 내비게이션에도 나오지 않는 곳을 찾아 헤매기도 했다.

모스크라는 공간을 살펴보려 발길 닿는 대로 돌아다녔다. 그곳에는 물리적 장소인 공간만 존재하지 않았다. 공간을 보기만 해도 충분한 연구 자료가 되겠다고 생각한 것은 잘못된 판단이었다. 그곳에는 사람이 있었다. 우리가 아니라 타인이 살고 있었다. 그들의 이름은 이방인이었다. 종교 시설을 분석하겠다고 시작한 연구였지만 정작 우리가 알아야 하고 생각해야 하는 지점은 사람의 이야기였다. 나의 시선은 어느 순간 사람을 향하고 있었다. 나는 우리도 모르는 와중에 우리 안에서 함께 살고 있던 이주 무슬림이라는 타인을 보았다. 그리고 이들을 통해, 그 동안 깊게 생각해보지 않았지만 이제는 반드시 생각해보아야만 하는 이야기를 나누어보려 한다.

함께 살펴볼 이야기는 우리가 무슬림을 바라보는 시선을 따라가는 여정으로 되어 있다. 무슬림을 바라보는 시선은 단순히 우리 사회의 낯선 타인 중 하나를 본다는 의미가 아니다. 나와 다른 사람을 인지하고 판단해 우리의 울타리 안과 밖을 규정하는 마음, 우리 속 가장 깊은 곳에 감추어져 있는 가장 날것의 마음을 보는 것이다. 그 마음을 들여다보기 위해 1부에서는 우리가 무슬림 공동체를 만나는 과정을 살펴볼 것이다. 2부에서는 우리가 한창 걷고 있는 갈등 과정을 그려낼 것이다. 3부에서는 우리가 앞으로 가야 할 상호 교환적 공존 과정을 펼쳐 보일 것이다. 우리 사회에서 살아가는 무슬림의 모습, 국제사회에 비치는 모습, 우리가 이슬람 및 무슬림과 관련해 아는 것과 모르는 것, 내가 직접 듣고 경험한 한국 사회 속 무슬림 이야기를 통해 무슬림, 즉 타인과 함께 살아가는 이야기를 나눌 것이다.

2022년 1월

이수정

 타인을 기록하는 마음

차례

Broader Perspective for Strangers

이야기를 시작하기에 앞서 흔히들 마구 섞어 사용하는 몇 가지 명칭에 대한 정리가 필요하다. 이슬람은 오늘을 살아가는 한국인에게 너무나도 낯선 존재다. 중동 지역 관련 소식이 뉴스를 가득 채우기도 하고 축구 경기 상대로 아랍 국가가 등장하기도 하지만 이들과 관련한 단어나 개념은 너무나 낯설게 느껴진다. 제노포비아Xenophobia, 이슬라모포비아Islamophobia가 팽배해 있는 최근에는 낯섦을 넘어 두려움을 느끼기도 한다.

전공이 무엇이냐, 최근 연구 주제가 무엇이냐는 질문에 이슬람이라고 답할 때면 상대방이 당황해하는 느낌을 받는다. 일반적으로 예상하기 힘든 전공이 대답으로 나왔기 때문일 것이고 이슬람에 대한 부정적인 느낌 때문일지도 모르겠다. 어색한 분위기 속에서 대화를 이끌어가기 위해 자주 나오는 질문으로는 "그러면 이슬람어를 할 줄 아세요?"가 있다. 이런 질문을 듣고 나면 당황스러움은 나의 몫이다. 이슬람어가 존재하지 않는다는 이야기부터 그러면 대체 이슬람은 무엇인지에 관한 이야기까지, 해야 할 말들이 머릿속을 꽉 메운다. 이슬람은 무엇일까. 또 이슬람을 논할 때 함께 나오는 다양한 용어들은 어떤 의미를 지닐까.

이슬람과 중동, 아랍을 구분하는 법

○

아랍어나 페르시아어(이란어), 터키어를 배우는 학생들이 제일 먼저 배우는 개념이 있다. 이슬람과 중동, 아랍(혹은 페르시아나 터키와 같은 다른 문화권)을 구분하는 법이다. 학부 학생들이 배우는 대로 소개해보면 이슬람은 종교, 중동은 지역, 아랍은 언어와 민족으로 구분한다. 다시 말해 이슬람은 사람들이 믿는 종교다. 예언자 무함마드가 창시한 계시 종교로서 전 세계 24퍼센트인 약 18억 명이 믿으며 지금의 사우디아라비아에 있는 메카와 메디나를 중심으로 7세기경 시작되었다. 비슷한 지역에서 발흥한 유대교 및 기독교와 유일신 사상으로써 그 맥을 같이한다. 무슬림은 이슬람을 믿는 사람들을 표현하는 말이다.

무슬림이 이용하는 종교 시설은 흔히 모스크Mosque라고 부른다. 모스크는 영어식 표현이고 아랍어로는 마스지드Masjid라고 한다. 한국어로는 성원이라고 표현한다. 다수의 무슬림이 모이는 곳, 도시의 가장 중심이 되는 대형 성원을 대Great모스크 혹은 자미 마스지드Jami Masjid라고 한다. 모스크의 조건이라고 정형화된 것은 없지만 일반적으로 독자적 건물을 운영하거나 일정 규모 이상의 신자 수가 유지된다. 또한 예배가 하루 다섯 번씩 꾸준히 진행되며 설교할 수 있는 이맘이 상주하는 곳을 모스크라 칭한다고 암묵적으로 인지한다. 하지만 개인에 따라 판단의 차이가 있기에 이 부분에 관해서는 어떤 것이 정답이라 단정하기 쉽지 않다.

모스크보다 작은 규모의 종교 시설은 흔히 아랍어로 무살라Musallah라고 칭한다. 시아파에서는 후세이니야Hussainiya라고 부른다. 한국어로는 예배소라는 단어를 사용한다. 사실 무살라는 공항이나 기차역, 대학 등에 자리한 무슬림을 위해 마련한 작은 기도 공간이나 규모가 크지 않은 예배 공간을 지칭하는 단어다. 따라서 사람들에 따라 같은 종교 시설을 두고 모스크라 부르기도 하고 무살라로 칭하기도 한다. 정확하게 규정된 내용이 없어서 정의하기 어렵고 특히 무슬림이 소수인 한국 사회에서 이들 종교 시설의 정체성을 정확하게 분류해 이야기하기는 더욱 어렵다. 일반적으로 해당 종교 시설에 속한 사람들이 스스로를 정의하는 대로 그들을 부르는 것이 나는 가장 적합하다고 판단했고 책에서도 그렇게 부를 것이다.

중동은 지역을 의미한다. 좁게는 지중해 동쪽부터 페르시아만에 이르는 서아시아 지역을, 넓게는 북아프리카 지역까지도 포함한다. 중동 지역과 북아프리카 지역을 통합해 메나 MENA, Middle East and North Africa 지역이라 부르기도 한다. 이슬람을 믿는 지역이 중동만 있는 것은 아니다. 이슬람은 전 세계 곳곳에 퍼져 있는 종교다. 중동, 동남아시아, 남아시아, 중앙아시아, 아프리카 등지에서 대다수 사람이 믿고 있는 종교가 이슬람이며 유럽과 아메리카 대륙에도 무슬림이 늘고 있다.

아랍은 언어와 민족적 구분으로 아랍어, 아랍 민족을 의미한다. 총 22개 국가가 아랍어를 사용한다. 조금 더 예시를 들어보자면 사우디아라비아는 절대다수의 국민이 이슬람을 믿는 국가이며 중동에 속한 아랍 민족이다. 이란 역시 절대다수의 국민이 이슬람을 믿는 국가이며 중동에 속한 국가이지만 페르시아어를 사용하는 페르시아 민족이다. 인도네시아 역시 국민의 대다수가 이슬람을 믿지만 동남아시아에 속하며 아랍 민족이 아니라 말레이 계열의 민족이다.

이런 배경을 토대로 설명하자면 나는 이슬람을 연구하고 이슬람 세계가 사용하는 다양한 언어 중에 아랍어를 구사할 수 있으며 주로 중동 지역에 관해 연구하다 최근에는 이슬람을 믿는 동남아시아나 남아시아, 중앙아시아 지역까지 연구 범위를 확장하고 있다. 특히 한국에 거주하고 있는 무슬림 이민자를 집중적으로 연구하고 있다.

이슬람의 가장 큰 특징, 다양성

○

가장 기본적인 개념조차 이렇게 복잡한 이슬람 세계의 가장 큰 특징은 다양성이다. 사람들은 이슬람 세계에 대해 단편적인 이미지만을 생각하면서 '이슬람은 하나'라고 크게 오해한다. 이슬람을 하나인 존재로 단편화하고, 모든 이슬람은 같다는 인식을 바탕으로 생각한다. 이러한 생각은 이슬람을 전공하고 공부하는 사람들이 가장 지양하는 자세다. 이들은 이슬람의 다양성에 관해 가장 먼저 접한다.

이제 이슬람과 무슬림을 이해하기 위한 기본 정보를 알게 되었다. 지금 당장 중동이나 동남아시아로 이주해서 살 것이 아

 타인을 기록하는 마음

니라면 이슬람과 무슬림에 대해 기본적으로 알아야 하는 것과 우리의 삶과 관점을 생각해보기 위해 알아야 하는 것이 있다. 이제 우리는 한발 앞으로 내디뎠다. 앞으로 나눌 이야기들을 통해 나는 우리가 그동안 인지하고 있던, 우리와 다른 타인 중 하나인 무슬림을 함께 바라볼 것이다. 나와 함께 살아가고 있는 너는 누구인지, 나는 너를 어떻게 바라볼 것인지를 무슬림의 모습 속에 비치는 우리의 모습과 생각을 통해 짚어볼 것이다.

타인을 더 잘 이해해보려는 노력은
나 자신을, 이웃을, 그리고 우리 사회를
구석구석까지 살피려는 마음과 다르지 않다

1부

그들은
이미

우리 곁에
있었다

이슬람을
마주하다

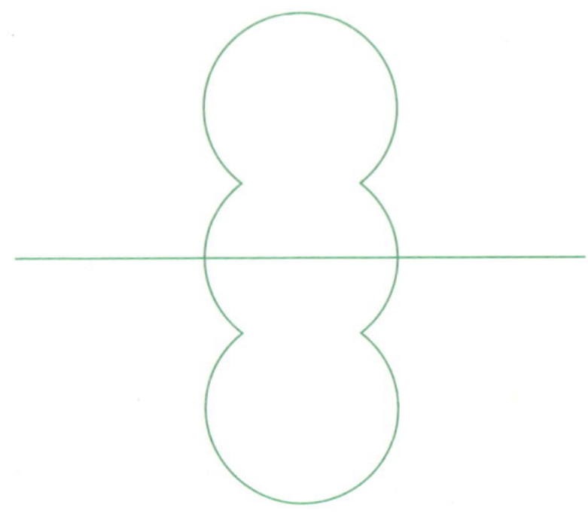

옆집에 무슬림이 살고 있다면 어떤 기분일까. 한국인 무슬림이 아니라 겉모습이 다르고 들어본 적 없는 언어를 사용하는 사람이라면 어떤 기분일까. 한 번도 맡아보지 못한 향신료 냄새가 내가 사는 집을 가득 메운다면 어떤 기분일까. 낯설까, 무서울까, 반가울까, 아니면 평소 숨겨두었던 외국어 능력을 발휘해 한국인의 정이 무엇인지 보여줄 기회가 온 기분일까.

저 산 너머 멀리 있는 나라 어딘가에 육로를 통해 도달하며 다른 나라를 여행한 사람들이 있었다. 인류사에 길이 남을 책을 써서 아주 먼 후대 다른 나라의 수험생을 괴롭히기까지 했다. 바다 위에서 치열하게 살아남아 기존 세상에 알려지지 않았던 땅을 발견하며 인류 역사에 중요한 한 획을 그은 사람들도 있었다. 다른 땅에 가려면 목숨을 걸어야 했던 시기를 지나 현재의 우리는 누구나 설레는 공항의 분위기를 즐기며 살고 있다. 비행기에 몸을 맡기고 기내식과 영화를 즐기다 보면 어느덧 새로운 세상의 문이 열리는 시대다.

세상은 변했는데 아직도 외국인은 낯설다. 사람이 낯설기도 하고 그들의 정체성과 문화도 낯설다. 눈에 띄는 복식과 생활 방식, 종교 의례를 가진 무슬림은 낯선 사람 중에서도 더 낯선 사람이다. 이슬람, 무슬림이라는 글자가 단 한 번도 새겨지지 않았을 듯한 한반도에 무슬림이 있는 것은 적어도 비행기의 착륙과 함께 시작되었을 것만 같다. 하지만 놀랍게도 우리 조상들은 무슬림과 함께 살았다. 단순히 한 공간에 존재한 것뿐만 아니라 서로 교류하며 무슬림의 생활 양식을 인정하기도 했고 이슬람 세계의 문물을 수용한 흔적도 남아 있다.

회회교도는 의관衣冠이 보통과 달라서, 사람들이 모두 보고 우리 백성이 아니라 하여 더불어 혼인하기를 부끄러워합니다. 이미 우리나라 사람인 바에는 마땅히 우리나라 의관을 좇아 별다르게 하지 않는다면 자연히 혼인하게 될 것입니다. 또 대조회大朝會 때 회회도의 기도祈禱하는 의식儀式도 폐지함이 회회교도回回敎徒는 무슬림, 즉 이슬람을 믿는 사람을 의미한다. 사료를 보며 당대의 모습을 상상해보자. 세종대왕이 이 땅을 통치했을 시기 서울에는 무슬림이 살았다. 게다가 당시 무슬림은 자신들만의 복식을 착용하고 있었다. 현재와 비교해 상상해보면 여성은 히잡을 착용했을 것이고 남성도 우리네 한복과는 다른 모습을 하고 있었을 것이다. 이들 무슬림은 외국인이 아니었음이 중요하다. 이 땅에서 태어나고 성장한 한국 사람이었는지 당대에 귀화한 자였는지 혹은 고려인이나 조선인으로 귀화한 조상들의 후손으로 이 땅에서 살아온 자인지 알 길은 없지만 사람들은 이들을 자국민으로 인지하고 있었다. 또 대조회 때 무슬림이 예배를 드렸다는 내용이 남아 있다고 하니 우리가 이슬람의 예배를 낯설게 느끼는 현실과 비교하면 참으로 놀라운 일이다. 다른 기록을 추가로 살펴보면 나라에 행사나 축하연이 있을 때 선물을 바쳤다거나 조례에 참여했다는 기록도 남아 있다. 추정컨대 세종 때까지만 해도 서울에는 무슬림이 모이는 공간이 존재했고 길거리에서 무슬림을 쉽게 목격할 수 있었을 것이다.

　결과적으로 무슬림이 자신의 종교 정체성을 외부로 표출하지 못하도록 신하가 상소를 올렸고 세종은 이를 재가했다. 따라서 무슬림이 집단을 이루어 거주했다거나 사회와 어떤 형태로든 관계를 맺었다는 기록은 이때를 마지막으로 우리나라 현대사 이전 역사에 남아 있지 않다.

　물론 중국을 방문한 사람들이 무슬림을 묘사한 내용이나 이슬람 세계의 달력(회회력)이나 도자기(회회청), 풍습을 논한 기록은 남아 있지만 한국 사회에서 독자적인 공동체를 꾸리거나 종교 문화를 유지했다는 기록은 없다.《조선왕조실록》에 남아 있는 기록 중에서도 《중종실록》 내용이 매우 흥미롭다. 회회국回回國은 이슬람을 믿는 사람들이 사는 나라를 지칭한다. "남이

잡은 고기는 먹지 않고 반드시 손수 잡아먹으며"라는 말은 이슬람 방식으로 도축한 고기만 섭취해야 하는 할랄 관련 내용임을 짐작할 수 있다. 또한 해당 기사에 등장하는 경經은 《코란》으로 짐작할 수 있다. 조선 시대 관료들도 중국과 교류하는 과정에서 무슬림을 접하며 이들의 가장 뚜렷한 문화적 특성을 정확하게 인지하고 있었음을 알 수 있다.

조선 초기 기록과 함께 우리나라 사료에 공식적으로 남아 있는 무슬림 기록을 찾아보면 고려 시대까지 거슬러 올라간다. 몽골 침입 이후 한반도에 무슬림이 들어오고 우리나라 사람들과 함께 살았다는 기록을 찾을 수 있다. 특히 원나라 공주와 함께 고려로 들어오고 이들 중 일부는 고려왕을 곁에서 보필하며 우리 사회에 뿌리내리기 시작했다는 기록이 전해진다. 우리나라와 중국의 사료를 함께 연구하면 우리 역사 속에서 살아 숨쉬던 무슬림 이야기를 많이 찾아낼 수 있을 것이다. 연구자들은 앞으로 이런 기록을 정리하며 진위를 확인해야 한다. 남아 있는 흔적을 찾아 우리 사회 속으로 다시 꺼내놓아야 한다. 다만 지금까지 알려진 단편적인 사실만으로도 한국과 이슬람이 물과 기름처럼 현대사 이전에 단 한 번도 섞여본 적이 없는 것이 아니라 '과거 역사 속 한국과 이슬람 세계의 끈끈한 연결점 그 어딘가'가 존재함을 알 수 있다. 그리고 이 증거는 우리 사료 속에

     타인을 기록하는 마음

또렷하게 남아 있다.

《조선왕조실록》을 샅샅이 뒤져보거나 개인적인 관심을 바탕으로 직접 키워드를 검색해보지 않는 한 이 땅에 무슬림이 살았는지 아는 사람을 찾기는 쉽지 않다. 우리나라와 무슬림이라는 키워드에 관심을 두는 것도 흔한 일은 아니다. 더 오래된 역사 속 두 문화 간 교류 흔적을 찾으려 하거나 아랍 및 페르시아 사료에서 우리 조상의 흔적을 찾으려는 노력이 있기도 하다. 물론 이를 정확하게 규명하고 찾아내는 일은 앞으로 우리가 가야 할 머나먼 여정이다. 그렇게 《조선왕조실록》 초기 기록을 끝으로 우리나라 속 무슬림의 흔적은 사라졌다. 무슬림은 우리에게 철저한 이방인으로 남았다. 빠르게 변화하는 현재라는 시간을 한국에서 살아가는 지금의 우리에게 이슬람과 무슬림은 어떤 모습일까.

우리는 이슬람 세계를 어떻게 보고 있을까

○

고등학교 3학년 수능이 얼마 남지 않았을 때였다. 대학 학과를 상담하러 담임선생님을 만났다. "아랍어과에 가려고 해요"라는 말에 담임선생님은 약간의 비웃음을 띤 채로 말했다. "너 여기

성적 확인하고 만만해서 가려는 거지?”

　　그렇지 않아도 반감이 극에 달해 있었던 터라 담임선생님의 가시 돋친 말에 더 이상 대꾸도 하지 않은 채 뒤돌아 나왔다. 만만해서 진학하겠다고 마음먹은 것은 아니었다. 프랑스 소설가이자 이집트학 학자였던 크리스티앙 자크Christian Jacq의 소설에 몇 년째 푹 빠져서 내가 이제껏 가보지 못한 이집트와 파라오 시대에 당시 엄청난 동경을 갖던 터였다. 지금처럼 인터넷으로 편하게 검색하거나 키워드를 넣으면 정보가 쏟아져나오는 시기가 아니었기에 최선을 다해 정보를 찾아보았지만 한국에서 이집트 고고학을 전공하는 방법은 없어 보였다. 한국에서 방법이 없다면 언젠가 이집트에 가서 공부할 나를 꿈꾸며 그곳 언어를 전공하는 것도 나쁘지 않은 선택이라 생각했다. 다만 아랍어가 너무나 낯설기도 하고 잘 모르는 미지의 영역이라는 문제가 있었다. 아랍이 어디에 붙어 있는 나라인지 혹은 지역인지, 그리고 아랍어는 어떤 모양인지 그 어떤 것도 알지 못한 채 외국어이니 무엇이든 해두면 도움이 되지 않을까 싶어 막연히 선택했을 뿐이었다. 대학 상담을 진행하는 고3 담임에게도 대학 배치표의 한구석에 붙어 있는 과였을 뿐 아랍어과는 무엇을 하는지, 얼마나 가치 있는지 전혀 알지 못하는 낯선 영역이었다.

　　타인을 기록하는 마음

그렇게 진학한 아랍어과는 하루하루가 놀라웠다. 물론 부정적으로. 고등학교 때부터 외국어를 전공한 탓에 외국어를 배우고 단어를 외우며 연습하는 것이 일상이었지만 아랍어는 상상 이상의 언어로 느껴졌다. 라틴어처럼 익숙하지도 않았고 처음부터 라면을 부수어 놓은 듯한 아랍어를 새로 익혔어야만 했다. 써지는 위치에 따라 글자 모양이 달라졌고 애써서 글자를 외우고 나니 내가 외운 글자는 자음에 불과하다고 했다. 거기에 난생처음 느껴보는 자유로운 분위기의 캠퍼스 생활은 스무 살 나를 너무 설레게 했다. 아랍어와 아랍어 사용 지역을 궁금해하는 마음은 모두 부질없게 느껴졌다. 물론 처음부터 적성에 맞아 실력이 쭉쭉 늘어가는 동기들도 있었지만 그들의 모습은 상대적 박탈감만 자극할 뿐이었다.

그러던 중 이라크에서 안타까운 소식이 전해졌다. 아프가니스탄에서 활동한 알카에다의 하위 조직(단체)인 '유일신과 성전'이 우리 국민 김선일 씨를 납치·살해했다. 이 사건이 일어나기 전까지 아랍과 이슬람, 무슬림은 극히 일부 사람들이 접하는 이야기였다. 1970년대를 휩쓸 만큼 국내 경제가 발전하는 데 이바지한 어른들에게는 오일쇼크, 중동 건설 붐, 열사의 땅 등의 사연으로 남아 있었다. 당시 학과의 교과 과정상 지역학·역사·문화사·정치 같은 내용보다는 언어에 집중해 학습하고 있던 시기라 김선일 씨 사건은 나에게도 큰 충격이었다. 게다가 학교 차원에서 빈소도 차려졌기에 아랍어과 소속이었던 나는 빈소를 지켜야 했다. 아무 연고 없는 사람들이 찾아와 안타까워하며 우는 모습을 친구들과 온종일 빈소에 앉은 채 지켜보았다. 이제 막 고등학생 티를 벗은 내 눈앞에서 이 비극적인 일들이 벌어졌는데 이성적으로 어떻게 받아들이고 생각해야 할지 미처 판단할 겨를도 없었다. 설명할 수 없는 복잡한 감정으로 내 안에 자리 잡았다.

복잡한 마음과 상관없이 하루하루 아랍어 지문을 외워야 했고 외운 지문을 교수님 앞에서 말하며 확인받아야 하는 날들이 이어졌다. 학교에 가면 동아리 활동을 하고 친구들과 놀기 바빴기에 학교 가기 위해 지하철에 올라탔을 때가 아랍어 지문 한 페이지 정도를 외울 수 있는 유일한 시간이었다. 늘 그랬듯이 교재를 펴놓고 아랍어를 외우고 있을 때였다. 갑자기 벼락같은 큰소리가 머리 위로 떨어졌다.

"이런 쓰레기 같은 언어를 왜 공부해! 이런 나쁜 XX들이 쓰는 말을 왜 해!"

멍해졌다. 너무나 갑자기 벌어진 상황에 현실인지 꿈인지 구분할 수도 없었다. 사람들의 시선이 나를 향했고 당혹감과 창피함, 분노 등 온갖 감정이 몰려들었다. 정신을 차리고 보니 한

　타인을 기록하는 마음

할아버지가 아랍어를 공부하는 나를 보면서 소리를 지르고 계셨다. 우리 국민을 죽인 사람들이 쓰는 언어를 왜 공부하느냐는 내용이었다(물론 그 글자가 아랍어라는 것을 알아본 점도 놀랍기는 했다). 너무나 부끄러운 나머지 나는 후다닥 책을 덮고 바로 다음 역에 내려 놀란 가슴을 쓸어내렸다. 그렇지 않아도 아랍어에 정을 붙이지 못하고 있었는데 이 일로 큰 충격을 받았고 그 이후로 호시탐탐 학과를 벗어날 기회만 노리게 되었다.

우리는 이미 이슬람과 마주하고 있다

○

생각해보면 당시 나는 어렸고 사회적 분위기에 큰 관심이 없었기에 김선일 씨 사건 이후 우리 사회가 아랍, 중동, 이슬람, 무슬림에게 어떤 입장인지 어떤 변화가 생기고 있는지 직접적으로 느끼고 생각했던 기억이 없다. 시간이 지난 뒤 아랍과 이슬람을 본격적으로 연구하기 시작하면서 우리나라 사람들의 뇌리에 이슬람 이미지를 고착화하기 시작한 첫 사건이 김선일 씨 피살이었다고 확신하게 되었다. 그리고 늘 그렇듯 사람들은 일상으로 돌아갔다. 사회의 시간은 바쁘게 흘러갔다.

그러던 2007년, 아프가니스탄에 단기선교를 간 샘물교회교인 23명이 피랍되는 사건이 발생했다. 정부가 이들의 활동을 제한했는데도 아프가니스탄에서 기독교 선교를 했다는 점부터 많은 비판을 받았고 결국 이들 중 2명은 피살당하고 말았다. 또한 국제사회 속에서 우리나라의 이미지가 실추되고 외교력이 약해진 것은 물론이고 테러리스트와의 협상이라는 부정적 선례까지 남기기에 이르렀다. 우리나라에서도 여러 해석이 분분했다. 국내에서도 찬반이 첨예하게 갈리는 기독교 선교라는 요소가 이슬람과 극단주의라는 역시나 자극적인 요소와 결합하며 수많은 논쟁이 벌어졌다.

중동, 아랍, 이슬람, 무슬림이 정확하게 어떤 것인지 알지 못하는 사람들의 뇌리에 김선일 씨 피랍 사건과 샘물교회 사건이 들어앉았다는 점이 가장 중요하다. 2001년 9·11테러가 이슬람의 폭력성과 극단주의의 대명사로 자리 잡은 상태에서 우리나라 역시 그 영향 범주에서 결코 자유롭지 못하다는 사실을 깨달은 것이다. 또한 2004년부터 2008년까지 진행된 자이툰 부대 파병에 이르기까지 아랍 세계, 나아가 이슬람 세계를 보는 시각은 분쟁과 혼란, 폭력, 종교성 등으로 정리되었다.

우리나라뿐만 아니라 지구촌 곳곳에서 아랍과 이슬람, 무슬림을 바라보는 고정관념이 존재하고 사람들은 여과 없이 그것을 믿는다. 내가 모르는 세계 그리고 그 속에 있는 사람들의

 타인을 기록하는 마음

삶을 정확하게 파악하고 이해하는 것보다는 자연스럽게 노출되어 알게 된 단편적 사실과 개인적 경험에 바탕해 아랍과 이슬람을 평가하고 인지하는 것이다.

강연이나 수업을 진행하다 보면 어떤 내용을 이야기했을 때 사람들이 술렁거리는 순간이 있다. 아랍과 이슬람 관련 주제들이 워낙 예외적이기도 하고 기존에 알려진 사실과 다른 부분이 많은 탓에 이런 순간 역시 많은 편이다. 그중 하나를 꼽자면 이슬람이 결국 유대교, 기독교와 한 선에 서 있는 유일신앙이라는 사실을 전할 때다. 결과적으로 유대교, 기독교, 이슬람은 같은 하나님을 믿는 것이며 세상에 등장한 선지자에서 차이가 있다는 점을 말하면 대체로 청중들은 이 사실을 어떻게 받아들여야 하는지를 고민한다. 간단히 설명하자면 이슬람은 아라비아반도에서 예언자 무함마드가 시작한 종교다. 무슬림 입장에서 보면 하나님이 예언자 무함마드를 사도로 삼아 유일신앙의 가장 완벽한 형태로 인간에게 이슬람을 전했다. 따라서 이슬람은 갑자기 아라비아반도에서 등장한 생경한 종교가 아니다. 이슬람 경전인 《코란Quran》에는 아브라함과 모세, 예수가 모두 등장한다. 무슬림의 관점에서 이슬람은 예수 다음 이 세계에 나온 예언자가 무함마드라는 점에서, 특히 기독교의 삼위일체는 유일신앙을 벗어나는 잘못된 관념이라는 부분에서 기독교와 차이를 보인다.

　모든 사람에게 적용할 수는 없겠지만 대체로 무슬림이 다른 사람에게 "넌 종교가 뭐야?"라고 물었을 때 기독교나 유대교 등을 이야기하면 "그것 참 잘되었네"라고 반응한다. 오히려 "나는 종교가 없어"라는 답변을 잘 이해하지 못한다. 거의 모두 모태 신앙이기 때문에 사람들이 다른 종교를 가짐에 대해서 충분히 이해하고 인정할 수 있지만 종교가 없음은 쉽게 이해하지 못한다. 종교에 심취해 있는 일반 무슬림들을 만나 이야기를 나누어보면 자신이 알고 있는 아브라함부터 모세, 예수에 이르는 이야기를 쏟아내고 마지막에는 예언자 무함마드의 이야기를 토해내는 경우를 왕왕 볼 수 있다. 무슬림은 유대교, 기독교라는 유일신앙의 맥락을 이해하고 수용하고 있는 것과 달리 우리는 흔히 이슬람을 두고 '갑자기 튀어나온 종교'라는 오해를 보인다.

　특히 우리나라에서 가장 잘못 쓰는 단어 중 하나가 '알라신'이라는 점을 생각해보면 이슬람이 유일신앙의 한 종류라고 밝혔을 때 느껴지는 혼란은 사실 당연하다 할 수 있을 것이다. 알지 못했기에 깊이 생각해보지 않았고 사실 깊이 생각해야 하는 이유도 없었기에 단편적으로 전달된 이미지와 이야기를 모아 '아랍과 이슬람은 이런 것'이라고 정의한 것이다. 자신의 정

　타인을 기록하는 마음

의를 바탕으로 수많은 일을 판단하고 이에 대한 본인의 생각을 정리해놓았는데 사실 내용이 잘못되었음을 알게 되었을 때 한 번에 이 모든 것을 수긍하고 본인의 생각과 특정 사람들에 대한 이미지를 바꿀 수 있는 사람은 몇이나 될까.

나는 종교가 없었다. 성인이 되고 나서 수년간의 고민과 대화 끝에 지금은 가톨릭 신자로 살고 있지만 가족이 종교적 분위기와는 원래부터 거리가 멀었기에 나는 철저히 유교적 관습에 기대어 성장했다. 대학에 진학하고 학년이 높아지면서 이슬람이라는 종교를 학문적 관점으로 접근해 공부하기 시작했다. 나 스스로 종교가 없었고 특히 대학원 진학 후에는 '사람들이 믿는 종교, 신학적 관점'이 아니라 '역사적 관점과 종교학적 관점'으로 이슬람에 접근했기에 최선을 다해 객관적으로 이야기하며 이슬람을 전달하고자 했다. 이 책의 독자 역시 나와 같은 관점으로 이슬람을 바라보기를 희망한다. 물론 과거에도 현재도 쉽지 않은 일이다. 앞으로도 절대로 쉬워지지 않을 것이다.

지구촌 전체를 놓고 볼 때 무슬림은 소수가 아니다. 전 세계 인구의 4분의 1을 차지하고 있고 어떤 종교보다 빠른 성장세와 확산세를 보인다. 반면 우리나라에서 무슬림은 여전히 소수다. 과거에는 지금보다 더 철저히 이방인이었다. 앞으로 계속 이야기하겠지만 철저히 이방인이었던 이슬람과 무슬림이 우리 옆에 있다는 사실이 조금씩 드러나고 있다. 그렇다면 이들은 어떻게 살아가고 있는가. 무슨 생각을 하며 우리 옆에 있는가. 왜 우리 옆에 있으며 우리는 이들을 어떻게 바라보는가. 우리는 이미 이슬람과 마주하고 있다. 바로 우리 앞에서 이슬람과 눈을 맞추고 있는데 우리 등에 짊어지고 끊임없이 우리에게 주입되는 이슬람은 어떤 모습일까. 이제는 '이슬람을 알아보자'가 아니라 '우리 진지하게 한번 이야기해보자'의 시간이 찾아왔다.

너의
이름은

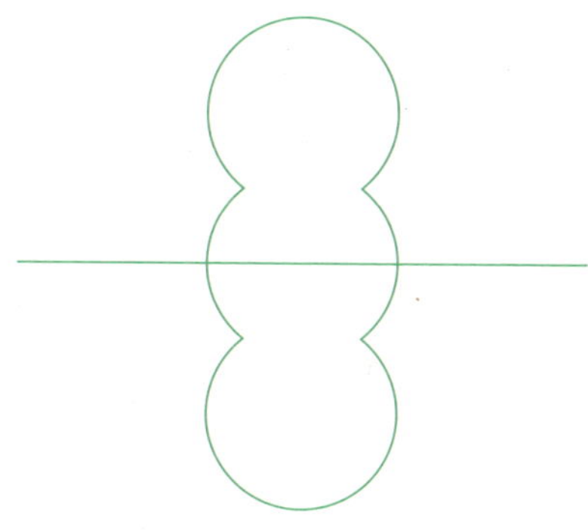

2010년 말 전 세계의 이목은 아랍 국가를 향했다. 튀니지를 필두로 이집트, 리비아, 시리아 등지에서 반정부 시위가 진행되었고 규모 차이만 있을 뿐 시위는 중동과 북아프리카 국가 대부분에서 발생했다. 이집트에서 장기 집권하던 호스니 무바라크Hosni Mubarak 대통령이 2011년 아랍의 봄을 계기로 자리에서 물러났고 무하마르 알 카다피Muammar al-Qaddafi 리비아 대통령 역시 퇴진했다. 국내에서는 아랍의 봄을 우리나라의 민주화 운동과 비교하며 연일 현지 소식을 타진했다. 학자들의 연구에 따르면 아랍의 봄이 민주화 운동의 모습을 하고 있지만 그 속내는 국민이 먹고사는 문제와 직결되어 있다. 민주화 운동과 비교되며 사람들 입에 오르내리기는 했지만 비행기로도 10시간 이상 가야 하는 국가의 이야기에 우리나라 사람들이 직접적인 영향을 받거나 지대한 관심을 쏟아내지는 않았다.

2015년, 전 세계에 충격을 주는 사건이 발생했다. '유일신과 성전'은 알카에다에 충성을 맹세한 극단주의 단체였고 과거 김선일 씨를 살해한 조직이었다. 또한 ISIS의 전신이기도 하다. ISIS는 2015년에 국가 수립을 선언하며 등장했다. 닥치는 대로 사람들을 납치하기 시작했고 미국과 프랑스, 러시아 등 기존의 국제 질서와 국가 간 관계와 상관없이 무분별하게 공격했다. 미국인을 납치해 살해하고 러시아 비행기를 공격했다. 심지어 같은 무슬림인 요르단 공군 조종사를 화형에 처하는 등 말 그대로 적정선이 실종된 극단적 행동을 지속했다. 이슬람 극단주의에 경도된 외국인들은 외국인 전투원이라는 이름을 달고 ISIS에 합류했다. 우리나라에서도 '김군'이라는 10대 소년이 터키와 시리아 접경지대를 통해 ISIS에 합류했고 현재 사망했을 것으로 추정된다. ISIS의 직접적 공격과 함께 이들을 추종하며 자국에서 성장한 외로운 늑대형 테러리스트가 유럽 등지에서 활동하며 테러를 일으켰다. 이미 9·11 때도 그러했지만 분쟁 상존 지역을 벗어나 무슬림이 다수가 아닌 국가의 일반인들로 테러 대상이 바뀌었다. 테러로 피해를 입는 대상이 소프트 타깃soft target으로 확대된 것이다.

이슬람을 잘 모르던 사람들이 이슬람에 대해 편견을 가질 수밖에 없을 만큼 ISIS는 충격적으로 활동했다. 국내외 할 것 없이 미디어는 매일 자극적인 뉴스를 쏟아냈다. 물론 이들의 행동이 절대로 용납될 수 없는 잔인한 일임에 대해 이견은 없다. 결과적으로 ISIS는 우리가 잘 모르던 이슬람이라는 종교의 대표적 모습으로 자리 잡았고 우리의 머릿속에 이슬람은 곧 극단주의 혹은 테러라는 공식이 남았다. 하지만 이때만 하더라도 이슬람, 무슬림, 극단주의 같은 이야기는 우리 삶과 다소 동떨어져 있었다. 지구 어딘가에서 발생하고 있는 사건들을 전해 들을 때면 마음이 아프고 그들의 고통에 공감하지만 우리 삶 속에 당장 영향을 미치거나 피부에 닿는 이야기가 아니기에 관객으로 한 걸음 물러선 채 이들의 이야기를 듣고 판단했다. 그런 우리 사회에 카운터펀치를 날리는 사건이 발생했다.

제주도 예멘 난민 사건, 모두를 위한 시작점

○

2018년 5월, 제주도에 500여 명의 예멘 출신 난민이 입도했다. 우리 사회는 말 그대로 발칵 뒤집혔다. 청와대 국민 청원 게시

판에는 하루가 멀다 하고 제주도 예멘 난민을 쫓아내야 한다는 글이 올라왔고 일부 청원은 수십만 명으로부터 동의받기도 했다. 언론사는 앞다투어 이들을 보도했다. 예멘 난민이 제주도에 닿게 되는 과정부터 예멘 내전 상황, 제주도에 입도한 예멘 난민의 목적, 예멘 난민이 제주도에서 일으키는 사회문제, 우리나라 난민법 제정과 문제 등 그동안 다루지 않았던 수많은 이야기를 쏟아냈다. 언론에서 당시 보도한 내용을 간추려 쓰자면 동남아시아에 체류하던 다수의 예멘 사람들은 무비자로 머물 수 있는 제주도로 향했다. 제주도를 통해 입국한 뒤 자국 내전 상황을 이유로 들며 한국에 난민 신청을 진행했다. 상황이 어느 정도 진정되고 제주도에 입도한 500여 명의 법적 지위가 결정된 뒤 나는 제주도를 찾아가 이곳에 남은 예멘 사람을 인터뷰한 적이 있다. 예멘 사람들이 처음부터 한국을 노리고 들어왔는데, 대부분이 가짜 난민이기 때문에 이들이 한국 사회에 들어오면 한국 사회에 악영향을 미치게 된다는 이야기가 한국인들 사이에서는 당시 가장 널리 퍼져 있었다.

난민에게 우호적인 발언을 하면 이런 소문 때문에 '그렇게 난민이 애틋하면 네가 데리고 살아라'라는 말을 들어야 하는 상황이었다. 실제로 인터뷰해보니 한국이라는 나라에 대한 지식과 정보가 있는 상태로 입국한 사례보다 단순히 무비자로 입국

   타인을 기록하는 마음

가능한 곳, 즉 자신들이 두 다리를 땅에 디딜 수 있는 곳으로서 제주도를 찾아 선택한 상황이 많았다. 현재는 대부분 제주도를 벗어나 육지로 올라온 상태이고 마치 제2의 고향인 것처럼 가끔 제주도를 다시 찾아 동향 사람들이 모여 헛헛한 마음을 달랜다고 한다.

우리나라는 국회 비준을 거쳐 유엔에 가입서를 기탁하며 1992년에 난민의 지위에 관한 협약(난민 협약)Convention Relating to the Status of Refugees에 가입했고 1993년부터 난민법을 실행했다. 이에 따라 제주도에 예멘 난민이 다수 입도했을 때 강압적으로 강제 출국 조치할 수 없었고 법에 따라 난민 심의를 진행했다. 우리나라에 난민 신청 절차를 진행하고 난민 지위를 인정받거나 거절되는 사례는 사실 꾸준히 있었다. 나아가 우리나라의 난민 인정 비율은 상당히 낮은 편이고 난민 신청 자체를 국내에 머무르기 위한 수단으로 활용하는 사례가 발생하기도 했다. 하지만 이런 이야기는 우리 사회 속 아주 작은 부분에서 소위 아는 사람만 알고 있는 이야기였기 때문에 사람들은 대부분 이 점을 전혀 인지하지 못했다.

하지만 제주도 예멘 난민 사건은 달랐다. 다수의 외국인 그것도 남성 외국인이 일순간에 무더기로 제주도에 나타났다. 게다가 2015년 이후 고착된 이슬람 이미지가 존재하는 상황에 무슬림 500명이라니 사람들의 관심이 집중될 수밖에 없었다. 당시 나는 작은 언론사와 인터뷰를 진행했다. '전문가는 이렇게 말했다'라는 방식으로 긴 기사 속에 짧게 실렸을 뿐이었다. 그런데 무슬림 난민을 받지 말아야 한다며 엄청난 분량으로 쓰인 이메일을 기사 배포 다음 날 받았다(심지어 대외적 활동을 한 적이 당시 거의 없었기 때문에 나의 이메일 주소를 찾으려면 상당히 많이 노력해야 했다). 인터넷과 사람들 사이에 떠돌아다니는 '~라더라' 식의 내용이 다수였다. 간혹 유럽 사례를 가져다 쓰기도 했지만 그 내용 역시 옳다고 볼 수 없었다. 이메일 말미에는 역시나 "무슬림을 받아들이고 싶다면 네가 그들과 살아라"라고 적혀 있었다. 이메일을 받은 순간 어디서부터 바로 잡아야 할지 어디가 모두를 위한 시작점일지 눈앞이 캄캄해졌다. 사람들은 이슬람과 무슬림을 어떻게 알고 있을까. 어떤 방법을 통해 이들을 알게 되었을까. 자신들이 믿으며 이슬람과 무슬림을 판단하는 근거가 얼마나 정확하다고 생각할까.

제주도 난민 사건 관련 사회적 논의가 한창일 때 '만약 제주도에 입도한 예멘 난민이 제주도가 아니라 인천을 통해 수도권으로 들어왔다면 어떠했을까'라는 가정이 연구자들 사이에 있었다. 제주도 전체 인구와 대비했을 때 500명이라는 난민은 상당히 많은 수로 느껴지고 이들이 지역에 흡수되어 안착할 가

 타인을 기록하는 마음

능성 역시 대도시보다 낮았을 것이다. 따라서 전체 인구수도 많고 500여 명의 사람이 갑자기 일자리를 구하거나 의식주를 해결할 수 있는 공간을 구하는 데 있어 대도시였다면 2018년 발생한 수준의 사회적 충격보다 작은 강도로 예멘 난민을 수용할 수 있었을 것이라는 가정이었다.

타인과 이주민, 외부인을 향해 사회 구성원이 피부로 느끼는 감정은 기존 사회의 규모와 인구수에 따라 다르게 나타난다. 아이러니하게도 눈앞에 보이지 않으면 실질적으로 함께 살아가고 있다 느끼기 어렵고, 내 눈앞에 보인다면 절대적인 수가 적더라도 위협을 느낄 수 있다. 난민으로 시작된 논쟁이었지만 사람들은 난민을 넘어서 우리 사회 속에 있는 외국인, 특히 무슬림에게 시선을 두었다. 이슬람을 믿는 무슬림에 대해서는 이미 만들어진 이미지가 있었기에 신분을 떠나 일단 배타적으로 바라보는 감정을 형성한 것이다. 이슬람을 연구하는 나조차도 제주도 난민 사건을 보며 아무것도 할 수 없는 무력감을 느꼈다. 난민 사태 속에서 내가 할 수 있는 일이 없다면 한국 사회 속 무슬림과 그들의 삶의 모습을 한번 찾아보자는 생각에 이주 무슬림을 연구하기 시작했다. 사전적 의미로 보면 난민 역시 이주민의 한 유형으로 편입되기에 이주민을 연구함은 우리 속 무슬림의 이야기를 따라가는 길이 되었다.

전 세계를 두고 보면 자신이 나고 자란 고향을 떠나 다른 국가에 정착해 살아가고 있는 이주민은 몇 명이나 될까. 이 질문에 답하기 위해서는 이주민을 어떻게 정의하는지 알아야 한다. 이주는 여러 기준을 통해 다양하게 분류할 수 있다. 유엔은 1980년 권고를 통해 장기 국제 이주를 정의했고 1998년 권고에서 장기 이주 개념을 확립했다. 기본적으로 이주는 일시 이주와 장기 이주로 나뉘는데 타국에서 최소 1년 이상 거주해 이주 대상 국가가 실질적으로 자신의 주 거주지가 된 경우를 장기 이주라 부른다. 3개월에서 1년 사이 기간에 해당하는 이주의 경우 일시 이주로 분류한다. 장기 이주의 경우 본국으로의 귀환을 목적으로 하는 디아스포라와 이주 대상 국가에 완전히 정착하는 영구 이주로 다시 분류할 수 있다. 이주 원인에 따라서는 보통 자발적 이주와 강제적 이주로 나뉜다. 자발적 이주는 단어에서 짐작할 수 있듯 개인의 목적에 따라 개인의 의지로 이주를 선택하는 것이고 강제적 이주는 국가 붕괴나 내전, 전쟁, 재해 등과 같은 외부 요인으로 이주할 수밖에 없는 상황에 놓이게 됨을 의미한다. 이주 규모에 따라서는 개인 이주, 단체 이주, 집단 이주를 들 수 있다.

이렇게 다양하게 설명할 수 있는 이주민의 규모는 매년 증가해왔다. 2019년 기준 전 세계 이주민은 2억 7200만 명으로 전 세계 인구의 3.5퍼센트에 달한다. 또한 2010년 대비 4배가량 증가한 수치다. 주요 이주 대상국은 유럽과 북미가 꼽히며 이 지역 출신 이주민 역시 많은 수를 기록하고 있다. 더 나은 삶을 찾아서나 자신의 꿈을 이루기 위해 혹은 어쩔 수 없는 상황 등의 이유로 많은 사람이 이주를 선택하고 있으며 모든 국가는 규모 차이가 있을 뿐 자국민과 이주민이 함께 살아가야 하는 시대를 맞게 되었다.

이주 무슬림 수를 추정할 수밖에 없는 이유

○

2020년 12월 기준으로 우리나라에 거주 중인 외국인은 114만 5540명이다. 코로나19 여파로 다른 해에 비해 감소한 상태다. 코로나19 이전에는 약 250만 명 수준의 외국인이 거주하는 상황이었다. 가장 많은 외국인 국적은 한국계 중국인과 중국이다(중국인의 경우 코로나19 발생 이후 3위로 한 단계 내려온 상태다). 2020년 기존에 유지하던 이주민 출신 국가 순위에 변동이 있었지만 베트남 출신 외국인이 그다음을 잇는다. 4번째로 인구수가 많은 국적은 우즈베키스탄이다. 인도네시아는 6~7번째 순위에 있다. 우즈베키스탄과 인도네시아는 인구 대부분이 무슬림인 국가다. 따라서 이들 국가 출신 이주민은 우리나라에 사는 무슬림으로 추정할 수 있다. 국가 제공 통계 자료를 수집해 연구·활용하다 보면 방대하고 많은 양의 자료를 우리나라처럼 누구나 보기 쉽게 제공하고 있는 경우는 많지 않다. 그럼에도 한국 사회에 거주하고 있는 이주 무슬림 수는 추정할 수밖에 없다.

이유는 간단하다. 우리나라에는 종교의 자유가 있다. 따라서 한국에 입국하는 외국인은 자신의 종교를 밝힐 의무가 없다(아예 묻지를 않는다). 몇 년에 한 번 인구조사 통계 사업을 하지만 이슬람은 힌두교 등과 묶여 기타 종교로 분류되기 일쑤다. 함께 묶이는 종교가 너무나 판이한 배경과 성향을 지녔기에 이를 통한 추정도 불가능하다. 따라서 한국 사회 속 무슬림 수는 추정하는 것이 최선이다.

일단 국내 무슬림 총 인구수는 내국인 무슬림과 외국인 무슬림으로 분류해서 생각해야 한다. 내국인 무슬림의 경우 한국이슬람교중앙회KMF에서 추정치를 내놓는데 최근 언론 보도를 통해 6만 명 수준일 것이라고 밝혔다. 물론 이 수치를 100퍼센트 신뢰하기는 어렵다. 특정 종교인 기준을 한 번이라도 개종한 기록이 있는 사람들로 할 것인지 정말 독실하게 종교 공동체에서 활동하는 사람으로 할 것인지 혹은 일시적으로 개종했다가 더 이상 종교 생활을 하지 않는 사람은 어떻게 분류할 것인지

 타인을 기록하는 마음

등 고려해야 하는 사항은 너무나 많다. 따라서 내국인 무슬림의 경우 KMF가 공개하는 수치를 활용하되 인구수 파악 목적에 따라 계산을 달리해야 한다.

일반적으로 외국인 무슬림 수를 추산할 때 연구자들은 가장 타당한 계산 방법으로 알려진 OIC 가입국의 무슬림 인구 비중을 활용한다. 이슬람 협력 기구Organization of Islamic Cooperation를 의미하는 OIC는 1969년 9월 25일에 창설되어 현재 57개 회원국이 가입해 있다. 따라서 우리나라에 들어와 있는 이주민 중 57개국 출신 이주민을 추려내고 이들 숫자에 각국의 무슬림 인구 비중을 곱해 근삿값을 추정해낸다. 이 방법을 활용하면 대체로 해당 국가 전체 인구수 대비 70~80퍼센트 수준의 인구수가 나온다. 나의 경우 국내에 공동체를 구성하고 무슬림 공동체의 중심축으로 많은 활동을 진행하는 국가 중심으로 연구하며 이들의 삶을 살펴보는 작업을 진행한다. 따라서 일반적으로 우즈베키스탄, 인도네시아, 카자흐스탄, 방글라데시, 파키스탄 5개 국가 출신의 이주민 수를 합산해 제시한다. 이들 국가는 전체 외국인 인구수 중 높은 순위를 나타내고 있기도 하다. 통계 수치를 바탕으로 추정하면 우리나라에 거주하는 이주 무슬림은 주로 지방에 있다. 서울과 지방은 이주민의 직업, 연령, 출신 국가 등 모든 요소에 차이를 보인다. 국내에 거주하는 이주 무슬림의 대다수가 노동자 계층이라서 주로 산업 단지, 공업단지, 농공 단지를 중심으로 거주하고 있음이 차이를 보이는 가장 큰 원인이라고 추정할 수 있다. 또한 서울에서 근무하더라도 비싼 주거비와 물가로 인해 도시 외곽 지역으로 분리된 상황이다.

이제는 낯선 사람들이 아니다

○

결과적으로 우리나라에 거주하는 이주 무슬림은 노동자 계층이 가장 큰 축을 차지한다. 그다음으로 유학생을 꼽을 수 있다. 이 또한 서울을 비롯한 수도권과 지방 사이에 큰 차이가 존재한다. 최근 학령인구 감소로 대학에 진학할 수 있는 학생 수가 급속도로 줄어드는 상황이다. 이에 따라 각 대학은 생존을 위해 외국인 유학생을 받아들일 수밖에 없는 상태에 놓였다.

그렇다면 상황을 조금 더 냉정하게 생각해보자. 우리나라에 유학을 와서 학위를 진행하는 학생들은 어느 국가 출신일까. 물론 국문학이나 한국학, 한국사학 등 우리나라 관련 학문을 습득하기 위해 다양한 국가 출신의 유학생이 한국을 향한다. 하지만 실제로 여러 지방대에서 운영하는 이공계를 비롯한 다양한 학문 영역에 중국을 비롯한 동남아시아, 중앙아시아, 남아시아 등 인근 국가 유학생이 다수 입학을 진행한다. 이들 중 중국 국적자를 제외한 대부분은 무슬림으로 추정할 수 있다. 지방대학의 경우(서울이라고 크게 다른 상황은 아니지만 지방의 경우 변화 속도가 더욱 빠르다) 외국인 학생을 유치하고 이들에게 학위를 수여함은 대학 생존과 직결되는 문제다. 외국인 학생 입장에서는 한국이라는 국가에서 취득한 학위를 본국에서 유용하게 사용할 수 있다. 따라서 국제적으로 매우 높은 학문적 수준을 보유한 한국에서의 유학이 결코 나쁜 선택은 아니다. 게다가 지리적 근접성과 사회 안정성, 경제적 유용성 등을 생각하면 한국은 오히려 매력적인 선택지가 된다. 일부 지방대학의 대학원 사례를 살펴보면 석사 이상 학위를 진행하는 학생 대부분이 외국인 유학생이고 이들을 교육하기 위해 외국인 교수를 임용하기도 할 정도로 외국인 유학생은 이제 우리나라 대학 사회에서 결코 따로 분리해서 생각하거나 역할을 축소할 수준을 넘어서고 있다.

노동자 계층과 유학생을 제외하고 무역 관계나 외교, 국방 등 공무 목적으로 한국 사회에 정착한 무슬림도 존재한다. 각 사회계층은 한데 어울려 활동하기도 하지만 자신들만의 공동체를 만드는 지역, 규모, 활동 반경 등 다양한 요소에서 대체로 차이를 보인다. 이슬람 세계와 무슬림을 하나로 통합해 단정할 수 없는 만큼 우리 사회에서 만나는 이슬람과 무슬림 역시 그 수많은 사람만큼이나 다양한 이야기를 가졌다. 더 이상 '이상한 종교를 믿는 재네들' '무서운 애들' '무서운 외국인' '낯선 사람들'이 아니라 각각의 이야기를 가진 존재이자 우리 사회에 영향을 줄 수 있는 사람들이 된 것이다.

나와 다른 너를
알아야 하는 이유

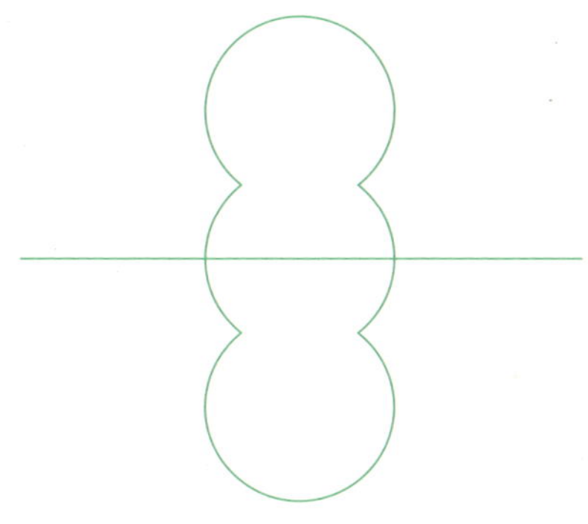

한국 사회 속 무슬림을 찾아가보자는 연구를 시작한 2018년 그 순간의 마음은 사실 매우 가벼웠다. 처음에는 연구라고 생각하지도 않았다. 그래도 나름 아랍어와 이슬람을 전공한 전공자라는 오만함에 그동안 들어왔던 KMF 소속이며 제법 규모가 있는 모스크 몇 군데가 전부일 것이라고 지레짐작했다. 물론 첫 번째 방문에서 내 예상과 생각은 보기 좋게 모조리 깨져버렸지만…. 사실 내 예상이 완전히 빗나간 것은 비단 인구수와 전국에 흩어져 있는 무슬림 종교 시설뿐만이 아니었다. 앞서 언급했지만 사실 대학에 진학해서 가장 먼저 배운 개념 중 하나가 이슬람, 아랍, 중동을 구분하는 방법이었다. 전공이 아랍어였기 때문에 또 어찌 되었든 이슬람이라는 종교가 아랍 지역에서 시작되었기 때문에, 나는 무슬림이 아닌데도 이슬람 문화의 핵심을 공부했고 그들이 쓰는 언어를 할 줄 안다는 오만함이 있었던 것 같다. 하지만 실제로 국내에 있는 성원과 예배소를 찾아다니면서 아랍어를 사용한 횟수는 단 네 번에 불과했다.

내가 만난 무슬림은 거의 대다수가 인도네시아 출신, 파키스탄과 방글라데시로 대표되는 남아시아 출신, 우즈베키스탄을 포함하는 중앙아시아 출신이었다. 특히 성원과 예배소에서 주도적이고 활발하게 활동하는 사람들은 인도네시아와 파키스탄 출신이 가히 압도적으로 많았다(물론 이 상황은 연구 기간 내내 변화했고 지금도 지속해서 변화 중이다). 결국 사람들을 만나고 이야기를 듣기 위해 나는 항상 한국어를 구사하는 외국인을 찾거나 영어가 유창한 외국인을 만나거나 손짓과 발짓을 총동원해야 했다(물론 구글 번역기의 위대함에 감탄하기도 했다). 결국은 인도네시아어와 우르드어 구사를 목표로 조금씩 언어를 공부하고 있고 친한 인도네시아인 이맘(이슬람 성직자)은 인도네시아어로 작성된 인도네시아어 학습서를 나에게 선물하기도 했다.

그렇게 많은 무슬림을 오랫동안 한국에서 만나면서 확실하게 알 수 있었던 결론 한 가지는 바로 '다양함'이다. 많은 사람이 묻는다. 국내 무슬림 갈등 문제, 이슬람 공포증의 원인과 해

타인을 기록하는 마음

결 방법, 배척 방법이나 공존 방법 등 사실상 누구도 답을 내릴 수 없는 많은 질문을 나에게 쏟아낸다. 나 역시 그 어떤 대답도 쉽게 할 수 없는 상황이지만 국내 무슬림에 관해서는 '그들 참 다양하더라'라고 자신 있게 이야기할 수 있다. 다양한 언어와 역사, 문화와 관습, 정체성과 민족 그 어떤 것이든 좁히거나 하나로 묶을 수 없는 이야기를 담고 있었다. 사실상 인구수 대비 무슬림 비중은 중동과 북아프리카 지역에 있는 국가들이 절대적으로 높지만(거의 100퍼센트에 육박한다) 인구수 자체로 보면 무슬림 인구는 인도네시아나 인도가 가장 많다. 조금만 생각해보면 알 수 있던 내용인데 흔히 알려진 사회적 통념에 갇혀서 나 조차도 '중동=아랍=이슬람'이라고 잘못 인식하고 있었다. 이 사실을 지식적 습득이 아니라 온몸으로 깨닫게 된 뒤로는 스스로 생각하고 판단할 때도 이슬람의 다양성을 언제나 염두에 두려 노력한다. 너무나 다양하기에 우리에게 남겨진 숙제도 그 다양성만큼이나 많다. 거대한 숲을 이룬 나무 한 그루 한 그루를 알아보는 것부터 숲 전체의 모습을 눈에 담고 이해하는 것까지 우리가 갈 길은 너무 많이 남아 있다.

모두가 행복하게 함께 살기 위하여

○

무슬림이 우리와 함께 살고 있다고 이야기하면 혹자는 왜 하필 우리나라에 오느냐고 반문한다. 자기들 나라에 그냥 살지 자기들끼리 그냥 모여 살지 왜 우리나라에까지 와서 종교를 포기하지도 않고 시끄럽게 하느냐며 불만을 이야기한다. 사실 이런 생각 자체를 무조건 나쁘다고는 볼 수 없다 생각한다. 누구나 한 번쯤 그냥 자연스럽게 해볼 수 있는 생각일 것이다. 게다가 이슬람과 무슬림 관련해 부정적 이미지를 많이 갖고 있다면 내가 사는 세상 속 어딘가 이들이 함께하고 있다는 사실만으로도 불편하고 불안한 감정이 드는 것은 지극히 자연스럽다. 나와 다른 타자와 함께 살아야 하는 것은 더 이상 피할 수 없는 현실이다. 따라서 우리가 스스로에게 던지고 자꾸 답을 찾아가야 하는 질문은 '왜 이들이 여기에 살고 있는가'가 아니라 '어떻게 하면 모두가 행복하게 함께 살아갈 수 있는가'로 바꾸어야 할 것이다.

사실 무슬림이 유독 우리나라로 몰려오고 있지는 않다. 오히려 우리나라는 전 세계에서 무슬림 증가세가 뚜렷하게 나타나지 않는 나라로 일본과 함께 꼽힌다. 일순간에 엄청난 무슬림이 우리 사회로 밀려들어온 적도 없었고 우리가 현재 상황에서 무슬림과 함께 살고 있다는 사실을 자연스럽게 인지할 수 있을

타인을 기록하는 마음

정도로 이주 역사도 오래되지 않았다. 그래서 현재 우리는 공존이라는 키워드에 직면하게 되었다. 분명 우리와 같은 하늘 아래 존재하는 사람들이고 이들과 공존해야 하는 것은 알고 있지만 공존의 이유와 방법, 결과를 알고 있지도 않고 경험해보지도 않았다. 원래 우리의 삶을 그대로 유지하고 현재의 삶에서 드라마틱한 변화가 일어나지 않기를 바람은 사람으로서 너무나 자연스러운 감정일 것이다. 더군다나 우리가 엿볼 수 있는 변화의 모습이 좋지만은 않았기에 공존해야 한다는 주장과 사실은 불편하게만 느껴질 수 있다. 그럼에도 결국 우리는 한 공간에서 함께 살고 있다.

무슬림이 사회로 많이 유입되고 이로 인한 사회문제가 많이 나타나고 있는 지역은 유럽이 대표적이다. 유럽 내 무슬림 이주는 1960~1970년대를 지나면서 본격화되었다. 물론 유럽 내 무슬림이 본격적으로 이주를 시작한 지점을 1960년대로 딱 잘라 구분하기는 어렵다. 특히나 일반적으로 메나라고 언급되는 지역은 이미 그 이전부터 유럽이 식민 지배를 함에 따라 무슬림의 유럽 이주가 진행된 상황이었다. 따라서 유럽 내 국가별 이주 무슬림 유형은 그 시작점과 역사, 유입된 이주민의 사회계층, 목적, 교육 수준, 출신 국가 등 여러 요사要事가 국가마다 다양하게 나타난다. 문제는 지금 우리가 언론에서 마주하는 유럽 내 이주 무슬림 관련 갈등의 씨앗이 1960~1970년대를 지나면서 본격적으로 심겼다고 판단해야 한다는 것이다.

유럽 내 이주 무슬림 관련 갈등 사례와 정부 정책을 논할 때 주로 영국과 프랑스, 독일을 언급한다. 최근 벨기에나 네덜란드를 비롯한 북유럽 국가도 논의되지만 영국과 프랑스, 독일이 그래도 아직은 대표 국가로 꼽힌다. 이주 무슬림 인구 자체가 가장 많은 나라이기도 하고 이주 무슬림 관련 사회 갈등이 지속해서 발생하는 대표적 국가로 여겨진다. 또한 유럽연합EU은 이주민 관련 정책과 사회문제를 공유하는 기구를 설립했다. 국가 간 기구는 꾸준한 회의와 논의를 거쳐 이주 무슬림을 포함한 이주민 관련 대응과 정책을 마련하고 있다. 결과적으로 지중해를 둘러싸고 위치하며 수없이 많은 역사를 함께 써내려온 유럽과 이슬람 세계는 멀리는 십자군 전쟁 혹은 그 이전 비잔틴제국과 이슬람 세계의 대립에서부터 가깝게는 식민 지배와 독립 과정에 이르기까지 치열하고 밀접한 관계를 맺고 있다. 오늘날 역시 정치적·경제적·사회적·문화적 교류와 이주민 문제, 지하디스트에 이르기까지 분명 다른 종교와 문화를 지니고 있는데도 이들이 완전히 분리된 세상에서 살고 있다고는 이야기하기 어렵다.

현대에 한정해서 살펴보면 유럽 사회가 급속도로 경제 발전을 이루면서 소위 우리나라에서는 3D 직종으로 분류되는 산업 현장으로 자국민이 유입되지 않았다. 또한 노동력 자체도 부족하게 되면서 이주 노동자 수용을 시작으로 이주민이 유입되었다. 프랑스의 경우 조금 더 복잡한 역사적 관계로 인해 식민 지배를 진행했던 북아프리카 지역의 이주민이 꾸준히 유입되었다. 따라서 유럽 사회의 경우 이주민이라는 단어가 이주 무슬림을 지칭하는 대명사처럼 사용되기도 한다. 영국의 경우 대다수의 이주 무슬림이 남아시아 국가를 중심으로 형성되었고 독일은 터키 출신 무슬림이 다수를 차지하던 와중에 최근 시리아를 중심으로 하는 난민의 유입이 급속도로 증가하기도 했다. 프랑스의 경우 알제리 같은 북아프리카 출신이 주를 이룬다. 노동자를 중심으로 하는 이주민 공동체가 구성되었다는 점과 원래 국가의 특성이 다민족이나 이주민을 중심으로 구성되지 않는다는 점에서 유럽의 사례가 우리나라의 사례와 매우 닮았다.

　이주 무슬림 사회를 연구할 때 크게 유럽 사례와 북미 사례로 구분할 수 있다. 유입되는 이주 무슬림의 성향과 이주 대상 국가의 기본 정체성 차이로 인해 해당 사회 내 이주 무슬림 공동체 모습에서 차이를 보인다. 북미의 경우 이주를 기반으로 국가 정체성이 형성되기 시작했다. 물론 종교나 문화적으로 이슬람을 배척하거나 차별하는 것은 존재하나 그래도 기본적으로 이주 기반으로 형성된 사회이기에 이주민을 바라보는 기본 시각에 차이가 있다. 또한 이주민은 물론 특정 흑인 계층이나 범죄자 등 다양한 경로를 통해 이슬람이 전파되고 형성되므로 우리나라 사례와 직접 비교하기 어려운 상황이다.

결과적으로 우리나라 이주 무슬림 공동체의 현재는 유럽의 1990년대와 닮았다. 사회 내로 이주 무슬림 수가 증가하고 자국민이 이주 무슬림을 인지하기 시작했다. 이주 무슬림은 자신들의 공동체를 구성하며 사회 속에 모습을 드러내기 시작했다. 무슬림 중 일부는 자국으로 돌아가는 것을 선택하나 일부는 한국 사회에 정착하는 방법을 최선을 다해 찾는다. 특정 지역에서는 무슬림이 다수 거주하는 집단 거주 지역이 형성되기도 하고 이를 중심으로 새로운 경제 규모가 형성되며 시장이 만들어지기도 한다. 유럽 역시 이런 단계를 지나왔다.

이주 무슬림 유입과 상호 인지 과정을 거쳐 무슬림의 독특한 문화는 사회 갈등으로 번졌다. 대표적 예가 히잡 논쟁일 것이다. 유럽연합 법원은 직장에서 히잡 착용 금지가 합법이라는 판결을 얼마 전에 내놓았다. 유럽 사회에서 히잡 착용 논쟁은 정말 오랫동안 진행되고 있다. 종교 목적으로 착용해야 하거나 착용하고 싶어 하는 무슬림 여성, 또한 자신의 종교성을 드러내는 것이 옳지 않다고 보거나 오히려 이런 행동이 그들 스스로

   타인을 기록하는 마음

를 타깃화한다고 생각하는 비무슬림 사이의 갈등은 언제나 첨예하게 대립하고 있다.

유럽 문화와 무슬림의 관습 사이에서 일어나는 갈등과 함께 중동 사회의 정세 변화에 따라 유럽 사회 내 테러도 증가하고 있다. 유럽 사회에서 발생하는 테러를 정리해 배포하는 보고서에는 지하디스트(이슬람 극단주의자) 테러가 중요한 축으로 자리 잡고 있다. 유럽 사회에서 성장하는 이슬람 극단주의자의 테러가 항상 논의되고 있다. 무슬림 유입과 상호 인지로 시작된 유럽 사람들과 이주 무슬림의 관계는 이질성의 발견과 첨예한 대립으로 진행된 것이다. 이를 타개하기 위해 각 국가는 다양한 정책을 펼쳐왔다. 수용, 강제 퇴거, 공동체 분리, 법적 지위 제한, 동화 정책에 이르기까지 많은 시도를 해왔다.

최근에는 유럽식 교육을 받은 이슬람 종교 지도자만 유럽 내에서 이슬람 관련 성직자로 활동할 수 있는 규정을 도입할 뿐만 아니라 유럽 사회로 유입되는 이주민을 위한 사전 교육 제도를 마련해 유럽 사회 내 안착을 위해 노력하는 정책을 펼치고 있다. 나아가 이슬람 극단주의 선별을 강화하고 명단을 공유함으로써 유럽 사회의 안전과 안보를 확보하는 노력에 이르기까지 '선한' 무슬림과 '악한' 무슬림을 구분하며 이들에 대한 다양한 정책을 쏟아내는 상황이다. 사실 이런 정책과 노력이 꼭 무슬림이라서 진행되는 것은 아니다. 꼭 무슬림이라서가 아니라 그 누구라 할지라도 내가 사는 이 세상에서 안전하고 행복하게 살고 싶기에 이런 정책들을 수립하는 것이다. 또 그동안 문제되었던 존재 중에 무슬림이 다수였고 지금도 많은 무슬림이 끊임없이 사회로 유입되고 있기에 이들에게 초점을 맞춘 정책과 활동이 발생할 수밖에 없다.

결국 우리는 서로를 알아야 한다

○

해외 사례를 타산지석 삼아 살펴보면 우리가 지금 해야 할 일은 어쩌면 간단할지도 모르겠다. 결국 우리는 서로를 알아야 한다. 우리 사회 역시 무슬림 유입이 증가하고 있고 내국인의 무슬림 인지가 본격적으로 시작된 것을 곳곳에서 확인할 수 있다. 하지만 우리가 알고 있는 이슬람, 무슬림은 극히 일부분이고 지나치게 자극적이며 한쪽으로 치우쳐 있다. 이런 상황에서 앞으로 우리에게 일어날 일을 예상하고 같이 살기 위한 방법을 제대로 찾아내기는 어려울 것이다. 그렇다고 제대로 알지 못하는 상황에서 소수만 정보를 공유하고 이해하며 무조건 따르라는 것 역시 불가능하다. 우리는 모두 사실을 듣고 판단하고 이해할 수 있으며 이 모든 인지를 기반으로 행동할 수 있다. 현대사회의 우리는 그렇게 교육받았고 그 힘을 바탕으로 사회를 변화시켜왔다. 결국 정확한 정보가 알려지지 않은 지금 우리가 할 일은 우리가 함께 살고 있다는 것, 앞으로 함께 살아가게 될 이슬람이라는 종교를 가진 사람들이 누구인가를 아는 것이다. 물론 가장 중요한 것 중 하나는 '서로'를 아는 것이다. 우리 사회로 들어오는 이주 무슬림 역시 자신들이 거주하겠다고 선택한 나라가 어떤 나라인지, 이 땅의 사람들은 어떤 생각과 마음, 역사와 관습을 갖고 살아가고 있는지 알아야 한다. 서로에 대한 앎과 이해가 바탕이 되었을 때 우리는 다음을 이야기할 수 있다.

키보드 타자 몇 번과 마우스 클릭 몇 번으로 수많은 정보를 얻을 수 있는 현대사회에서 당신이 생각하는 '타자'를 알아야 하는 이유는 무엇인가. 이제 우리는 한 사람 한 사람이 이 질문에 대한 이유를 찾아야 하는 첫 번째 걸음을 앞두고 있다.

보이나 보이지 않는
존재의 삶

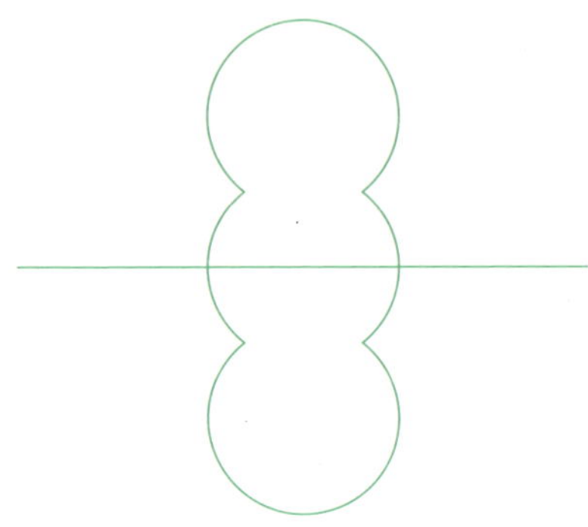

한 번도 가보지 않은 어느 낯선 동네의 허름한 건물에 발을 딛어본 적이 있는가? 건물 입구는 어딘지 모르게 어둡고 길거리를 오가는 사람도 없다. 한 번도 맡아본 적도 없고 알지도 못하는 음식의 냄새인지 건물 특유의 냄새인지 아니면 어딘가 오래된 곰팡내인지 모르는 낯선 냄새가 코를 찔러온다. 내가 들고 있는 휴대전화 속 지도에는 '목적지에 도착했습니다'라는 안내가 연신 나오는데 아무리 둘러보아도 내가 원하는 장소가 아닌 것 같다. 한쪽 구석에 뚫려 있는 계단으로 올라가는 입구에 들어서면 스산한 어둠이 몸을 감싼다. 올라가도 괜찮은 곳인지 저 위에는 혹은 저 아래에는 누가 있는 것인지 예상조차 할 수 없는 시간이 흐른다. 건물 내부에는 굳게 닫힌 철문만 있고 내부가 어떤 공간인지 몰라 섣부르게 문을 두드려보기도 힘든 상황을 수차례 경험하고 나서야 어디쯤 모스크와 예배소가 있을지 알아채는 감이 생겼다.

처음으로 길 위에 섰을 때 내리쬐는 땡볕 속에서 길을 잃고 서 있던 적이 한두 번이 아니었다. 운전할 때면 길을 잘못 들어 같은 곳을 맴돌기도 하고, 차가 한 대 정도 겨우 지나갈 골목길을 빠져나가면서 진땀 빼는 일도 부지기수였다. 특히나 지독한 길치였던 나에게 한 번도 가보지 않았던 낯선 동네를 찾아가는 일은 매 순간 도전이었다.

경기 북부에 있다는 어느 작은 예배소를 찾아가는 길이었다. 차 한 대 지나가지 않는, 한적하다 못해 스산한 국도를 한참 달려 들어가야만 했다. 그렇게 마주한 곳은 텅 비어 있었다. 어찌나 서럽던지 차 안에서 목을 놓아 울어버렸다. 그 누구도 나에게 한국 사회 속 무슬림을 만나고 이야기를 듣고 이들을 연구하라고 말하지 않았다. 너무나 익히 아는 사실이었고 자의로 매일 나서는 길이었지만 도대체 내가 이 일을 왜 하고 있어야 하는가를 끊임없이 물어야 하는 일이기도 했다. '이제까지 전국을 돌면서 모든 것을 기록한 사람이 없었으니 굳이 내가 하지 않아도, 아니, 앞으로 아무도 하지 않아도 괜찮지 않을까. 이렇게 힘들고 외로운 일을, 그리고 아무도 알아주지 않을지도 모르는 일을 내가 해야만 할까?' 수없이 많은 생각이 머릿속을 가득 채웠다.

그런 마음속 한편에 작게 빛나는 생각 하나가 있었다. 이 모든 황당하고 아무도 이해할 수 없는 상황 속에서도 누군가는, 꼭 누군가는 한국의 무슬림을 기록해야 할 것 같다는 마음이었다. 종교인이 아닌, 그래도 나름의 균형 잡힌 시각으로 설명할 수 있는 사람이 이들의 삶을 묵묵히 기록해두면 언젠가는 우리를 위해서 꼭 필요한 무언가가 될 것이라는 믿음이었다. 아무도 알아주지 않았던, 뜨거운 태양 아래에서 혼자서 떠돌아야 했던 그 시간은 나 스스로가 '보이나 보이지 않는, 아무도 자신을 보려 하지 않는' 그런 존재를 경험해본 시간이었다.

드러내고 싶지 않습니다

○

강의할 때 수강생에게 꼭 보여주는 사진이 있다. 건물 외관을 찍은 사진인데 겉모습만 보아서는 예배소가 어디에 있는지 도저히 짐작할 수 없다. 반전은 다음 장에서 일어난다. 건물 내부는 아랍어 캘리그래피로 장식되어 있고 내부 정면에는 거대한

　　　　타인을 기록하는 마음

블라인드가 내려져 있다. 블라인드 위에는 예배 방향인 메카를 알려주는 끼블라Qibla를 표시하기 위해 다른 나라 유명 모스크의 미흐랍 장식을 인쇄해 걸어두었다. 외부는 도대체 어디가 어딘지 알아볼 수 없는 공간이 문을 여는 순간 다른 나라, 다른 공간으로 들어선 느낌이었다.

"왜 건물 밖을 꾸미지 않나요?"

나의 질문에 해당 예배소 관리자는 웃으며 고개를 저었다.

"일단 돈이 없어요. 밖에까지 꾸밀 정도로 돈이 넉넉하지 않아요. 그리고 밖을 꾸며서 여기가 예배소인지를 알리면 한국 사람들이 싫어해요. 우리는 그냥 조용히 있고 싶어요."

그의 대답에 고개를 끄덕거리게 되었지만 어딘가 뒷맛이 씁쓸했다.

한국에 존재하는 모스크와 예배소를 관찰하면서 가장 먼저 내 눈길을 끈 것은 간판이었다. 건물의 간판은 생각보다 많은 역할을 한다. 사실 종교 건축의 경우 간판이 아니라 거의 모든 종교 건축에 존재하는 상징을 통해 자신의 정체성을 강하게 드러낸다. 우리나라의 밤하늘을 수놓는 십자가나 산속 녹음과 어우러지는 산사의 지붕처럼 말이다. 물론 모스크 역시 이와 같은 상징이 존재한다. 지역과 시대에 따라 형태는 다르지만 일반적으로 모스크를 떠올리면 높게 솟아오른 미나렛Minaret, 지붕 위에 올라가 있는 돔Dome을 생각할 것이다. 하지만 실제로 한국에 있는 여러 모스크와 예배소 중 이런 상징물을 드러내고 있는 경우는 거의 없다. 물론 최근 새롭게 건설하는 모스크의 경우 현대적으로 재해석한 상징물을 차용하기도 한다.

외부로 드러나는 여러 상징물을 사용하지 않는 데는 여러 이유를 추측해볼 수 있다. 우선 금전적 문제가 가장 크다. 독립된 건축물, 해당 종교 시설의 신자들이 독립적으로 사용하는 건물이 있어야 상징물을 올릴 수 있다. 국내 이슬람 종교 시설의 경우 대규모 자금을 운용하는 경우는 거의 없다고 보아야 한다. 종교 시설을 위한 장소조차 임대료가 저렴한 지역에서 건물의 한 개 층이나 일부 공간을 임대해 만드는 경우가 대부분이었고 이것조차 주로 지하층이나 옥탑층이 다수였다. 건물을 임대하고 유지비를 모아 활용하는 데도 벅찬 상태에서 장식이나 상징물을 밖에 내걸기는 쉽지 않은 일이었다.

인터뷰 과정에서 알게 된 내용에 따르면, 금전적 문제만큼이나 자신들을 드러내고 싶지 않은 욕구가 강했다. 굳이 자신들이 이곳에 모여 이슬람이라는 종교 활동을 한다는 사실을 알리려 하지 않았다. 일터나 생활 공간에서 이미 이슬람으로 인해, 그리고 무슬림이기 때문에 많은 차별적 언행을 경험해왔던 터라 굳이 자신들의 종교 공간을 노출해서 사람들의 이목이 쏠리게 하고 싶지 않은 것이었다. 물론 이 상황은 시간이 흐르면서 상당히 많이 변했다(이 부분은 뒤에서 다시 다룰 것이다). 종교 시설만큼은 자신과 같은 사람들이 모이는 한국이라는 사회와 분리된 섬과 같은 공간이었다.

모스크와 예배소 안에 들어설 때면 그 안에 있던 무슬림 대부분은 같은 표정으로 나를 바라보았다. 아니, 오히려 어떤 표정을 하고 바라보기라도 하면 그날은 운이 좋은 편이었다. 모스크나 예배소 앞에 찾아가 인기척을 내고 문을 두드리면 문 안쪽에서 후다닥거리는 소리가 들려온다. 모스크 역시 종교 시설이기 때문에 문을 걸어 잠가두는 일은 드물다. 누구든 오갈 수 있는 곳이라는 기본 전제가 깔린 것이다.

하지만 한 가지 다른 점은, 누구나 올 수 있지만 젊은 한국 여성이 밑도 끝도 없이 찾아올 일은 거의 일어나지 않는다는 것이다(적어도 연구를 시작할 때는 말이다). 그렇게 순식간에 몸을 숨긴 무슬림은 아무리 인사를 하고 불러도 모습을 드러내지 않는 일도 있었고 그들의 불편한 감정에 미안한 마음이 들어 내가 더 다가가지 않고 돌아온 적도 있었다. 또 한 무리의 사람들이 모여 있는 경우, 집단 안에서 한국어 의사소통이 가능한 사람을 가장 앞으로 밀어 내보내는 경우가 부지기수였다. 한국어 소통이 자유롭지 못할 때는 잠깐만 기다려달라고 손짓과 몸짓으로 이야기한 뒤 전화 통화까지 하면서 의사소통이 가능한 사람을 불러주기도 했다. 이렇게 되면, 한국어 소통이 가능한 사람은 갑자기 그 예배소의 대표자 격이 된다. 애써 나에게 내리꽂히는 시선을 모르는 척하며 말을 이어가지만 구석구석에서 힐끔힐끔 나를 쳐다보는 사람들의 눈빛은 한동안 적응하기가 참 힘들었다. 나를 비롯한 대다수의 평범한 한국인들은 그들이 두렵고 무서운데 그들은 나를 두려워하는 상황이었다.

이곳은 한국이기 때문에 모든 공간에 한국인이 있는 것은 너무나 당연한 이치일지도 모르겠다. 예배소와 모스크에서 마주한 무슬림들의 표정은 참 재미있게도, 한국인을 단 한 번도 보지 못한 외국인들이 있는 공간에 갑자기 생김새가 다른 한국 사람이 등장했을 때의 그것이었다. 홀로 방문한 낯선 한국인의 등장에도 반가움과 두려움이 교차하는 표정을 보며 언제나 만남의 시작점에서 많은 것을 생각하게 되었다.

모스크, 마음을 둘 수 있는 안식처

○

이런 상황 속에서 간판에 관심 두게 된 것은 당연한 일이었다. 일부 규모가 있거나 오랜 시간 동안 지역권 안에서 공동체를

 타인을 기록하는 마음

유지한 경우 건물 외부에 작은 간판을 붙여두었다. 일부 간판은 KMF가 관리하고 있다는 것을 표시하기도 했고, 일부는 아는 사람이 아니고서는 도저히 알아볼 수 없을 정도의 크기로 간단히 예배소의 이름만 만들어 붙여놓기도 했다. 규모가 크고 신자의 흐름이 안정되어 있을수록 간판은 커졌고 외부로 자신을 드러내는 모습도 확연하게 드러났다. 파키스탄 계열의 무슬림 단체로 전국에 약 20여 개에 달하는 모스크와 예배소가 있는 공동체의 경우 같은 형태의 간판을 함께 내걸고 있기도 했다. 이들 간판의 대다수는 사실 영어나 다른 나라 언어로 제작되었기 때문에 이들에 대한 사전 지식이 없는 상태에서는 쉽게 알아볼 수 없게 되어 있었다. 그림이 그려진 경우도 많았지만 그림이 무엇을 의미하는지 모르는 한 해당 장소가 무슬림의 종교 시설이라는 것을 알기는 쉽지 않았다. 간판이 있어도 알아보기 어려운 간판, 아는 사람만 찾아갈 수 있는 간판, 흔히 우리가 이야기하는 이름 없는 간판이 그곳에 있었다.

한국 사회에 돈을 벌러 와서 왜 한국 문화를 따르지 않고 모스크를 만들까에 대한 궁금증은 '낯선 땅에서 개개인의 이유로 인해 머물고 있지만 마음 한편 기댈 수 있는 공간이 필요한 것은 아닐까'라고 생각해보면 답을 찾을 수 있을 것이다. 실제로 인터뷰해보면, 같은 나라 사람들끼리 기대어 살고 싶어서,

서로 작은 도움이라도 주고 싶어서 등등 우리가 해외에 갔을 때 모임을 만들고 사람들을 만나는 이유와 다르지 않다. 종교 시설은 기본적으로 종교 활동을 위한 공간이다. 인간에게 있어 종교 활동은 인간 사회가 발전하면서 함께 존재한 인간의 본성 중 하나로 꼽힌다. 이슬람의 종교 시설이 우리 옆에 결코 존재해서는 안 되는 '악의 축'이 아니라는 것이다. 우리와 다른, 우리가 잘 모르는 종교를 믿는 사람들의 공간이라는 것이다.

물론 실제로 해외 사례에서 모스크를 중심으로 이슬람 극단주의가 퍼져나가고 강화되는 경우가 있었다. 따라서 이런 가능성이 '0'이라고 단정할 수는 없다. 하지만 오히려 반대로 정말 작은 가능성이라도 무슬림 공동체 안에서 사회에 위협이 되는 집단의 모임이나 활동이 발생할 가능성이 있다면 이들을 끊임없이 사회의 밝은 곳으로, 그리고 우리와 함께하는 곳으로 이끌어내는 것이 더 좋은 결과를 가져오게 되지 않을까.

코로나19, 너는 불러냈고
나는 반응했다

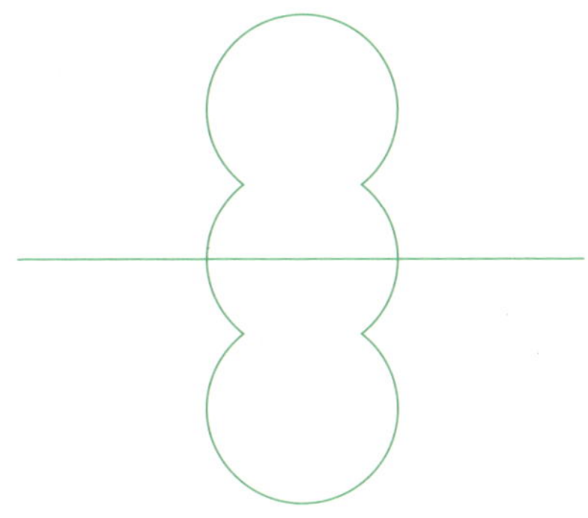

모든 인간에게는 자신의 존재를 끊임없이 확인하고 타인으로부터 인정받고자 하는 욕구가 존재한다. 스스로를 규정하고 자신의 정체성을 확인하는 과정은 개인 스스로 혼자서 해결할 수 없다는 것이다. 나와 다른 타자와 공존하고 타자와의 상호 관계 속에서 나를 인지하고 나만의 정체성을 만들어가는 것이다. 이런 인간의 기본적인 본성 속에서 '나'라는 존재가 한 사회 속에서 절대적인 소수자로 존재했을 때와 '나'와 비슷한 사람들, 동질성이 있는 사람들이 하나둘 늘어나기 시작했을 때 내가 움직이는 범주는 상당히 변화할 수밖에 없다.

앞에서 언급한 것과 같이, 내가 연구를 시작했을 때만 해도 무슬림들은 자신들의 모습을 최대한 드러내지 않고자 하는 의식이 분명했다. 설사 자신들의 모습을 밖으로 드러내더라도 기본적으로 외국인 비중이 아주 높은 지역이거나 자신들의 모습을 드러냈을 때 본인들의 삶에 더 이익이 될 때로 한정하는 경우가 많았다. 하지만 한 달 한 달 시간이 흐를수록 무슬림들은 조금씩 사회로 나오기 시작했다.

우선 자신들의 예배 공간을 표현하는 간판을 걸기 시작했다. 사람들이 모이는 공동체의 규모가 커졌고 공동체 내부의 갈등과 상호 이익에 따라 공동체를 합치기도 쪼개기도 했다. 이슬람 세계의 중요한 명절이 되면 사람들은 예배소로 모여들었고 예배소 크기에 따라 수백, 수천의 사람들이 모여 시간을 보냈다. 가장 흥미로운 일은 설과 추석에 진행되는 다양한 행사들이었다. 우리나라 최대 명절인 설날과 추석은 외국인에게는 한국 사회에서 며칠 동안 함께 시간을 보내며 마음 편히 오롯이 쉴 수 있는 기간이었다. 한국인들이 고향을 찾거나 해외로 발걸음을 옮기는 그 시간 동안 외국인들은 대학의 대강당을 빌려 그곳에 모였다. 넓은 공간에 여러 부스를 차려놓고 고향 음식을 나누어 먹었다. 출신 국가 현지에서 인기 있는 이슬람 법학자를 초대해 율법 강의를 듣기도 했고 자체적으로 구성한 작은 공연을 진행하며 즐거운 시간을 보내기도 했다. 한국 사회 속에서

     타인을 기록하는 마음

한국인의 시간이 흐르듯이, 우리 사회 속에서 거주하는 이주민의 시간 역시 동시대 속 조금 다른 길 위에서 흐르고 있었다.

2020년, 코로나19가 말 그대로 전 세계를 강타했다. 지구상의 모든 사람은 단 한 번도 경험해보지 못한 상황을 마주했다. 도시는 봉쇄되었고 사람들은 집 안에 머물렀다. 모든 사람이 마스크를 끼고 생활했고 감염이 의심되면 코와 목을 기꺼이 면봉에 내어주어야 했다. 학계 역시 다양한 변화가 있었다. 수업은 온라인으로 진행되었다. PPT 자료에 음성을 입혀 강의를 구성할 수 있는 기능이 있다는 사실을 알게 되었고, 생전 들어보지 못했던 화상회의 프로그램이 익숙해졌다. 학생들은 화면을 통해 만날 수 있었고 비행기를 타고 오가며 진행하던 국제회의는 화상회의를 통해 오히려 조금 더 자유롭게 진행되는 것 같기도 했다. 이동 거리가 줄어드니 연달아 잡힌 회의도 무리 없이 진행할 수 있었다. 상의는 그럴듯하게 차려입고 바지는 집에서 편하게 입던 옷 그대로 화면에 등장했고, 집에서 키우는 강아지와 고양이는 종종 화상에 특별 출연하며 사람들에게 웃음을 주었다.

코로나19는 역사의 시계를 빠르게 감았다. 특히 디지털 분야에서는 앞으로 5~10년은 걸려야 하는 발전을 한 번에 이끌어냈다고 한다. 이주 무슬림 사회를 연구하던 나에게 코로나19는 단순하게 활동에 제약이 되는 수준으로 불편함을 느끼는 것이 전부라고 생각했다. 하지만 놀라운 일이 벌어졌다. 코로나19는 사람들의 마음을 변하게 했고 내가 그동안 알고 있던 모습들도 변하기 시작했다.

코로나19로 인한 사회적 파장들

○

중요한 것은 코로나19가 사람을 가려가며 선택적으로 퍼져나가지 않았다는 점이다. 우리나라로 유입된 코로나19는 한국인만을 골라가며 전파되지 않았다. 나이, 성별, 국적, 민족, 언어를 가리지 않았다. 내가 살아가고 있는 이 세계가 코로나19로 인해 변화한 만큼, 내가 잘 모르는 사람이지만 근거리에서 살아가는 저 사람들의 세계 역시 코로나19로 인해 변화한 것이다.

코로나19가 발생하기 전 한국 사회 속 무슬림들은 자신들이 구태여 사회 전면에 드러나거나 이슬람이 낯설고 지극히 소수인 한국 사회에서 자신들의 권익을 요구하거나 적극적인 활동을 하는 것보다는 드러나지 않는 사람들로 살아가는 것이 더 편하다고 인지했다. 사람들을 만나 이야기를 들어도 굳이 주변의 한국인들과 마찰을 만들고 싶지 않고 자신들에 대해서 아는 것 역시 원하지 않는다고 이야기하는 사례가 많았다. 비단 한국 사회뿐만 아니라 이슬람이 주류인 국가나 사회가 아닌 다른 곳에서 이슬람과 무슬림을 어떻게 생각하고 받아들이는지 누구보다 더 잘 알고 있는 사람들이었다.

아마 한국인도 마찬가지였을 것이다. 심지어 이슬람을 연구한 나조차도 한국 사회에 자리 잡고 있는 이주 무슬림에 대해 무지했다. 단순히 무지의 영역이었는지 아니면 의도적인 무시의 영역이었는지 아직도 정확한 판단을 내리기는 어렵다. 우리 사회 속 꼭 필요한 자리이기는 하지만 적어도 나는 별로 가고 싶지 않은 자리, 너무 힘들다고 알려졌거나 혹은 위험하거나 보수가 만족스럽지 않거나 하는 그 자리에 수많은 외국인 노동자들이 자리하고 있었다. 어쩌면 사람들의 머릿속에 '외국인'이라고 하면 떠오르는 이미지는 자신이 만난 세계 속 외국인의 모습으로 한정되어 있었을지도 모른다. 그렇게 애써 외면해온, 우리 곁에 보이지 않게 그저 존재하던 외국인의 존재감이 코로나19로 뚜렷하게 떠올랐다.

우리가 보지 못하는 존재라고 해서 혹은 우리가 보려고 하지 않는 존재라고 해서 그들이 우리 사회 속에 존재하지 않는 것이 아니라는 점은 너무나 중요하다. 코로나19는 우리 안에 있는 편견이나 사고방식에 구애받지 않고 무차별적으로 사람들을 공격했다. 어느 순간 외국인 공동체는 코로나19에 취약한 계층으로 분류되었다. 우리나라의 방역은 체계적이고 발 빠르게 이루어졌지만 한국에 거주하는 외국인 중 일부는 불법 체류자였기 때문에 자신의 감염 사실을 숨기기도 했다. 방역 당국에서 감염자를 쉽게 찾지 못할 것이라는 사회적 두려움은 코로나19 발생 초기부터 사회의 한 부분에 지속적으로 자리 잡으며 커져만 갔다. 외국인 감염이 진행되자 서울과 경기도 지자체에서는 외국인을 대상으로 코로나19 전수 검사(조사)를 진행하기로 했다. 당시 다수의 서방 국가 대사관에서 이와 같은 조치에 우려를 표하면서 서울은 해당 정책을 철회했다. 지금도 일부 지방에서는 코로나19 감염자 수를 재난 문자나 지자체 현황판에서 안내할 때 외국인과 내국인을 구분해서 공지한다. 외국인 집단 감염이 심각하고, 이로 인해 대규모 전염과 막대한 피해가 예상되는 상황이라면 이와 같은 조치를 이해할 수 있지만 구태여 외국인과 내국인을 구분하고, 더 정확하게는 외국인 노동자라는 단어를 사용해서 불특정 다수에게 알리는 것은 어떤 목적과 의도인지 잘 모르겠다.

이런 상황 속에서 실제로 갈등이 터져 나왔다. 강릉 지역에서 외국인 집단 감염이 진행된 것이다. 특히 집단 감염을 일으킨 외국인이 무슬림이라는 소식이 퍼지기 시작하면서 강릉 내

타인을 기록하는 마음

외국인, 그중에서도 무슬림을 향한 반감은 급속도로 확대되었다. 이런 와중에 외국인을 위한 센터를 건립하겠다는 계획이 발표되자 상황은 악화일로에 놓였다. 시간이 지나 외국인 감염자는 감소했고 한국인 감염자가 늘어나기 시작했으나 외국인은 지나가기만 해도 코로나19를 옮길 것 같은 그런 존재가 되었다. 이런 상황 속에서 무슬림과 관련한 소문이 퍼져나가면서 무슬림은 공공의 적이 되었다. 단지 외국인 노동자라는 이유로 수차례나 코로나19 검사를 받아야 했다. 음성이 확인되지 않으면 직장에 출근하기도 어려운 상황이었다. 외국인 부모를 두었다는 이유로 아이들은 등교하지 못하기도 했다. 물론 모든 사람이 이와 같은 생각에 동조하는 것은 아니었다. 머리로는 충분히 이해하고 판단할 수 있었지만 '혹시나' '만약에' '그래도'라는 생각은 사람들의 행동을 변화시켰다. 사람들의 원망 어린 눈빛과 미움은 무슬림을 향했다.

코로나19 발병 초기 재난지원금 배분 과정에서 우리나라에 거주하고 있는 외국인에 대한 지원을 어떻게 해야 하는가에 대한 문제가 대두되기도 했다. 우리나라에서 거주하고 경제활동을 하며 우리 사회에 이바지하는 외국인에게도 세분화하고 정확한 기준과 판단을 전제해야겠지만 똑같은 재난지원금을 제공할 것인지, 아니면 이들은 역시 우리 국민이 아닌 외국인이기 때문에 우리 국민을 대상으로 하는 복지 정책에서는 예외적 공동체로 분류해야 할 것인지 등 다양한 의견이 쏟아져나왔다.

외국인들의 시각에서 보면, 2년 동안 진행된 코로나19 상황과 그 속에서 발생한 수많은 갈등과 언론의 보도, 사람들의 태도와 시선, 정부 정책 등은 자신들의 사회 속 역할과 지위, 존재감을 다시 생각해보게 한 계기가 되었다. 그동안은 보이지 않는 존재처럼 살아왔는데, 그리고 그런 삶이 당연하다고 생각했는데 자신들 역시 이 사회에 영향을 주는 사람일 수 있다는 사실을 인지한 것이다. 참 신기하게도 코로나19는 모든 사람의 생활을 움츠러들게 했고 활동도 제한했지만 우리 사회 속 외국인, 무슬림과 관련한 이야기를 그 어느 때보다 수면 위로 끌어냈다.

우리 앞으로 불려 나온 사람들

○

코로나19 상황이 호전과 악화를 반복하면서 무슬림 공동체의 실질적 활동 역시 변화했다. 코로나19 초기에는 단체 활동을 금지하고 개인 거주지에서 머물며 사회적 활동을 최소화했다. 일부 사업체의 경우 무슬림의 회사 외 사회 활동이 집단 감염의 실마리가 되고 사내에 코로나19 감염을 옮길 수 있다는 우려로 인해 고용하고 있는 외국인 활동을 회사 차원에서 금지하기도 했다. 이런 움직임은 마치 풍선 효과처럼 불만이 고조된 무슬림이 코로나19 상황이 호전됨과 동시에 왕성한 활동을 하게 되는 배경이 되기도 했다.

문제는 2년간 지속된 코로나19 상황 속에서 라마단(무슬림이 1년에 한 번 한 달간 지속하는 단식으로 일반적으로 식사가 가능한 저녁 시간에는 사람들이 한데 모여 식사를 한다), 이드 피트르Eid Fitr(라마단이 끝나는 날을 기념하는 이슬람 세계의 명절), 이드 아드하Eid Adha(희생제로 이드 피트르와 더불어 이슬람 세계의 최대 명절), 밀라드 나비Milad Nabi(예언자 무함마드의 탄신일. 종파와 출신 국가에 따라 명절로 간주하기도 한다) 등 무슬림이 단체로 모이게 되는 명절과 행사일을 몇 차례 보내며 크고 작은 감염 상황이 발생했다는 것이다.

또한 이곳에서 감염된 사람들이 지역사회로 다시 감염을 퍼뜨리는 일이 반복되면서 어느 순간 우리나라 언론은 '외국인 집단 감염'이라는 제목을 달고 무슬림 이야기를 다루기 시작했다. 단순히 우리나라에 거주하는 외국인에 대한 토로가 아니라 이슬람이라는 종교와 맞물리며 갑론을박이 벌어졌다.

이런 사회 분위기와 또 다른 결로, 한국에 거주하는 이주 무슬림의 경우에는 언어적 한계에 따라 코로나19 상황에 대한 정확한 지침을 받지 못하는 일이 발생하기도 했다. 지방자치단체에서 공문을 만들어 지역 내 모스크와 예배소에 전달했지만 한국어와 영어로 작성된 서류를 무슬림이 완벽하게 이해하는 데는 한계가 있었다.

코로나19 발생이 전 세계 사회에 준 강한 충격파와 장기화된 상황으로 2020년 이후 거의 모든 학술대회와 연구자 간 대화에서 코로나19는 언제나 가장 중심에 있는 주제였다. 어느 학술대회에서 만난 한 교수님께서 이런 말을 남겼다.

"사람을 가리면서 전파되는 것은 아니지만 코로나19는 취약 계층을 사회 전면으로 불러왔다. 현대사회 속에서는 질병조차 사회계층을 가리며 전파되었다."

이는 모든 사람을 가리지 않고 사람들 옆으로 다가온 코로나19이지만 자신이 속한 사회계층에 따라 전염률이나 완치율 등에 차이를 보일 수 없다는 의미였다. 마스크 대란으로 마스크값이 천정부지로 치솟을 때, 경제적으로 여유가 있는 사람들은 가격에 아랑곳하지 않고 마스크를 맘껏 구매할 수 있었을 것이다. 반면 여유가 없는 사람들에게는 마스크 한 장 한 장이 자신의 숨통을 조이는 듯한 느낌으로 다가왔을 것이다. 코로나19가 더 치명적으로 작용하는 기저질환 역시 사회적·경제적 차이에 따라 다르게 작용한다는 의미였다. 모든 사람이 노출될 수 있

지만 모든 사람의 삶이 드라마틱하게 변하지는 않는다는 의미
였다.

정보의 부재와 접근의 한계성, 이슬람에 기반한 사람들의
모임과 활동은 코로나19 감염으로 연결되었고 우리 사회 역시
이들의 존재감을 느끼고 외국인 공동체가 우리 사회에 직접 영
향을 줄 수 있다는 사실을 깨달았다.

실제로 한국 사회 속 무슬림을 만나기 시작했을 무렵 이들
의 성장 속도를 몸소 체험하며, 앞으로 5~10년 정도면 우리 사
회 역시 유럽 사회와 비슷한 과정을 경험하며 무슬림 공동체에
대한 인지가 가능하지 않을까 예상했다. 하지만 놀랍게도, 그
누구도 예상하지 못했던 코로나19는 우리 사회 속에 무슬림 이
주 공동체라는 집단이 존재한다는 것, 이들과 우리 사회는 서로
분리된 것이 아니라 상호 영향을 주고받을 수밖에 없는 존재라
는 인지를 바로 우리 앞까지 끌어당겼다. 이슬람이나 무슬림에
대한 전문 지식이 없는 보통 사람들이 사전 준비 없이 마주하
고 인지하게 된 외국인 공동체, 무슬림, 이슬람. 우리가 보게 된
이들의 모습은 어떤 얼굴을 하고 있고 우리 개개인은 이들을
어떻게 보고 있을까. 그 대답의 끝은 혐오일까, 이해일까, 아니
면 그저 무관심일까.

이슬람을 바라보는
두 가지 시선

나는 이슬람에 대한 사전 지식이 없는 청중을 대상으로 특강을 진행하곤 한다. 청중에 관한 사전 정보를 얻은 뒤에는 강연 서두에 던지기 위한 질문을 정리한다. 대다수의 강연 속 첫 질문은 "이슬람이라고 하면 무엇이 떠오르나요?"다. 청중을 향해 질문을 던졌을 때 한 번에 대답이 쏟아져나오는 경우는 거의 없다. 내가 청중의 자리에 앉아 있을 때도 강연자의 질문에 눈을 피하며 대답하지 않는 경우가 다수였으니 어색해하는 청중을 탓할 이유는 없다. 잠시 어색한 시간이 지나면 누군가 어색함을 이기지 못하고 자신이 알고 있는 이미지나 사전 정보를 하나둘씩 꺼내놓는다. 누구나 예상할 수 있듯이 나오는 답은 크게 두

가지로 나뉜다.

"테러리스트와 만수르."

몇 년 전 개그 프로그램을 시작으로 중동의 부호들 사진과 이야기가 인터넷 밈으로 떠돌아다니기 전 테러리스트 일색이었던 상황을 생각해보면 그래도 만수르라는 이미지가 생긴 것이 오히려 조금은 나아진 상황이라 해야 할지도 모르겠다. 청중 대부분은 테러리스트, 자살 폭탄 테러, 전쟁, 내전, 폭력적인 종교 등 부정적인 단어를 내놓으며 강연자인 나에게 미안해한다. 나는 그저 내가 할 수 있는 이야기를 전달하려는 것뿐인데 나에게 미안해하는 청중의 표정을 보면서 신기하다는 감정을 느꼈다. 그 감정의 뿌리는 무엇일까. 아마도 타인에게 씌울 수 있는 가장 부정적인 프레임 중 하나를 사용해서 개인적으로 알지 못하는 사람들을 정의하는 것에서 오는 불편한 감정과 미안한 감정 사이 어딘가이지 않았을까.

잠재적 테러리스트로 무슬림을 바라보는 문제

○

무슬림을 인터뷰하는 과정에서 어느 정도 라포Rapport(상담이나 교육을 위한 전제로 신뢰와 친근감으로 이루어진 인간관계)가 형성되면 나 역시 내가 바라보았던 청중처럼 미안한 표정을 지으면서 조심스럽게 질문을 건넨다.

"정말 죄송하지만 예민하고 민감한 질문을 하나 해도 괜찮을까요?"

이렇게 운을 띄우면 10명 중 10명은 희미하게 웃음을 띠며 무슨 질문을 할지 알겠으니 괜찮다며 해보라고 한다. 그렇게 조심스럽게 건넨 질문은 "이슬람 세계라고 하면 테러리스트, 폭력적인 사건, ISIS를 떠올리는 사람이 많은데 어떻게 생각하세요? 한국에서 생활하는 데 불편하지 않나요?"였다.

지금까지 내 질문을 받은 무슬림들의 답변은 모두 "생활하기에 문제는 없다"였다. 물론 그 상황에서 "네, 생활하는 것이 너무 힘들어요"라는 답을 한다고 상상해보면 서로 어색하기 그지없는 상황이 연출될 것이다. 단, 생활하는 데 문제없다는 답변에는 항상 단서가 따라 나온다. "그런데…"라며 말끝을 흐리고 조금 더 경청하는 자세로 몸을 고쳐 앉으면 답이 이어진다.

사람들의 답을 종합해보면 결국 하나의 질문으로 이어진다. 바로 "모든 무슬림을 잠재적 테러리스트로 간주해야 하는가"다. 지금까지 언론이 보도한 이슬람과 무슬림의 이미지는 다양한 면면을 하고 있지만 가장 오랫동안 가장 자극적으로 다룬 이야기는 이슬람 세계에서 발생해온 전쟁과 이슬람 극단주

　타인을 기록하는 마음

의자들이 세계 곳곳에서 테러를 일으키는 모습이다. 게다가 최근에는 탈레반이 아프가니스탄을 다시 장악하면서 모두가 이슬람 극단주의의 재성장을 우려하는 상황이다. 탈레반이라는 단어만으로도 불편함을 느끼는 상황에서 사람들에게 제공된 화면 속에는 이륙하려는 비행기에 매달리다 떨어지거나 비행기 주변을 따라 전력을 다해 달려가는 절박한 사람들의 모습이 담겼다. 이를 본 누군가는 세기말 풍경이 있다면 이 모습이 아니겠느냐고 평가하기도 했고 그들의 처절함에 마음 아파하기도 했으며 자신이 살아가는 땅의 안전함을 다시 한 번 확인하며 안도하기도 했다.

이제 생각해볼 두 가지 명제가 있다. 첫 번째는 '모든 무슬림이 테러리스트인 것은 아니다'이고, 두 번째는 '일부 무슬림 중에는 극단주의를 신봉하고 테러 행동으로 연결하는 사람들이 있다'는 것이다. 그렇다면 우리는 우리 곁에 있는 무슬림을 어떤 시각으로 보아야 할까.

ISIS가 한창 활동할 무렵 중동 전문가와 중동 출신 외국인이 한 텔레비전 프로그램에 패널로 나와 토크쇼를 진행한 적이 있었다. 대화를 나누던 중 무슬림이 모두 테러리스트는 아니라고, 자신들도 이슬람 극단주의자를 두려워한다며 한 여성 패널이 눈물을 흘렸다. 실제로 한국에 오랫동안 거주한 이주 노동자와 이야기를 나누던 도중에 한국 사람들이 자기한테 테러리스트를 알고 있는지 실제로 본 적이 있는지 물어본다며 왜 자신에게 그런 질문을 던지는지 아직도 그 이유를 모르겠다고 불만을 토로한 적도 있었다.

물론 이슬람이라는 문화는 대학에서 관련 전공을 이수하거나 이들을 연구하는 일을 업으로 삼지 않는 한 우리나라에서 참 낯설고 어색하고 아직은 많이 알려지지 않은 분야임이 틀림없다. 나이나 교육 수준, 개인 관심도에 따라서, 그리고 관심을 끌게 되더라도 처음 정보를 접하는 매체, 그 정보의 정확성, 편중성 등 수많은 요소에 따라 사람들은 자신만의 관점과 판단 기준, 변하지 않는 확신이나 편견을 갖게 된다.

최근 대구 지역에서 모스크 건립을 둘러싸고 오랫동안 첨예한 갈등이 일어나고 있다. 단순히 첨예한 수준이 아니라 시간이 갈수록 늪으로 빠져들 듯이 갈등은 풀기 어려운 상태로 진행되고 있다. 처음에는 분명 건설 현장 주변에 건설 자체를 비난하는 플래카드가 걸려 있었다. 하지만 최근 지역 대학의 주변 도로에까지 건설을 비판하는 내용뿐만 아니라 "탈레반이 해당 동네에 있다"라는 내용의 플래카드가 등장했다. 또한 일부 유튜버는 이 지역을 찾아 "이곳에는 알카에다가 살고 있다"라며 반복적으로 언급하기도 했다. 물론 모르기 때문에 이런 말을 쏟

 타인을 기록하는 마음

아낼 수 있다. 또 개인의 영리 때문에 다른 사람을 비난할 수도 있다. 하지만 만약 입장이 바뀐다면 우리는 그 상황을 어떻게 받아들일 수 있을까.

'내가 테러리스트나 탈레반, 알카에다가 아닌데 나에게 누군가 그런 말을 한다는 사실이 과연 얼마나 내 감정에 영향을 미칠까'라는 질문을 던지며 곰곰이 생각해보았다. 실제로 해외에 머무르다 보면, 또 많은 유학생 사이에 전해지는 이야기를 들으면 나는 그저 길을 가는 것뿐인데 내 뒤에 대고 "칭, 챙, 총"이라는 소리를 내거나, 해당 국가 언어로 "중국인?"이라고 대뜸 묻거나 "니 하오你好"나 "곤니찌와こんにちは"라는 인사말을 듣고 했다. 처음 한두 번은 '그래, 그럴 수 있지'라는 생각으로 받아넘겼지만 이런 말이 한 번 두 번 쌓이게 되고 저 사람들이 지칭하는 단어와 시각은 내가 아닌데 왜 나한테 이렇게 이야기를 하는가를 생각하면서 점점 더 기분이 상하고 그런 행동에 분노하곤 했다. 사람이라면 모두 같은 마음이지 않을까.

갈등 초기에 모스크 건설과 관련한 외국인 무슬림들과 이야기 나누며 이들이 앞으로 맞닥뜨리게 될 여러 갈등 상황을 걱정한 적이 있었다. 물론 무슬림만을 걱정하는 것은 아니었다. 갈등 상황 속에서 한쪽만 힘들거나 잘못하는 경우는 극히 드물 것이기에 양쪽 모두에게 가해질 고통이 예상되어 더욱 마음이 쓰였다. 하지만 최근 거리에 나부끼는 플래카드는 한국어뿐만 아니라 영어로 번역되어 쓰인 상태이고 내용 역시 '탈레반'이나 '테러리스트' '너희 나라로 꺼져라'와 같은 격한 표현이 속속 등장하고 있다. 그곳에는 모스크 건설과는 관련이 없거나 모스크에 잘 나가지 않는 외국인 무슬림도 존재한다. 말 그대로 이들은 생활하던 중 난데없는 소나기를 맞고 있다. 길을 걸으면서 사람들이 자신을 주시하고 혹은 정말 의도를 갖고 주시하지 않더라도 지금의 상황 속에서 자신에게 이목이 쏠렸다고 생각할 수밖에 없는 것이다. 또한 그들을 비난하는 데 사용되는 단어 역시 정상적으로 사고하는 무슬림이라면 받아들일 수 없고, 같은 범주로 다루어지는 것을 참을 수 없는 단어들이 사용되고 있기에 이들이 느끼는 분노와 박탈감은 생각보다 커지고 있다.

물론 우리가 사는 이 땅, 우리가 사는 이 사회를 더 안전하게 지키기 위해서 잊지 말아야 하는 사실도 존재한다. 세상의 모든 사람이 전부 선하다면 얼마나 좋을까. 하지만 현실은 그리 녹록지 않다. 모든 무슬림이 테러리스트는 아니다. 하지만 정말 모래사장 속 모래 한 알만큼의 가능성이라도 극단주의 유입과 테러 시도 계획이 있다면 이를 가려내고 막아내야 하는 사람이 있다. 또 개인의 잘못이 아닌데도 자신들에게 씌워져 있는 대중적 이미지로 인해 마치 원죄같이 자신들에게 쏠린 의심의 눈길

    타인을 기록하는 마음

을 지고 살아가야 하는 사람이 반대 위치에 있다. 이슬람이라는 이름으로 테러가 발생했고 무고한 사람들이 많이 죽었기 때문에 이 모든 비난과 시각, 편견은 무슬림이 지녀야 하는 원죄라고 해야 할까. 분명 그 안에서도 평범한 사람들이 평범한 삶을 사는 것일 텐데 말이다. 또 어제와 똑같은 삶을 살아가고 있는데 하루아침에 나와 너무 다른 사람과 내 삶의 공간을 공유해야 하는 사람들의 반발과 분노를 무조건 참으라고 할 수 있을까. 나라면 과연 호기롭게 일말의 거리낌도 없이 두 팔 벌려 환영할 수 있을까. 정말 이러지도 저러지도 못하는 상황에서 머릿속은 회색빛으로 꽉 채워지는 듯하다. 평화롭게 하루하루 살아가는 듯하지만 그 안에서는 누구 하나 승자 혹은 패자로 규정할 수 없는 복잡한 관계로 계속 얽혀가는 것이다.

잘 모르기 때문에 두렵고, 낯설기 때문에 두렵다

○

개개인의 삶으로 들어가 그 삶을 살펴보면 우리가 익히 알고 있고 상상하던 모습이 겉으로 보이는 모습과는 다르게 보이는 경우가 많다. 무슬림의 삶이 꼭 이렇다. 사람들은 이슬람을 두려워한다. 잘 모르기 때문에 두렵고 너무나 낯설기 때문에 두렵다. 지금까지 접한 것은 단편적인 사실임을 알면서도 그 이면에 어떤 모습이 보일지 몰라 알아가는 것도 두려움을 느낀다. 자기 주변에 최대한 무슬림이 살지 않았으면 좋겠고 설령 살더라도 그들의 정체성이 드러나지 않았으면 좋겠다. 나중에 이야기하 겠지만 이슬람에 우호적이지 않은 사람들이 가진 마음과 생각일 것이다.

우리나라에 거주하는 이주 무슬림, 특히 노동자 신분의 경우 거의 대다수가 젊은 남성이다. 20~50대 중반 연령대가 다수다. 그동안 다양한 연령대의 무슬림을 만날 수 있었는데 시간이 지나고 사람들과 친해지면서 나보다 어린 친구들은 자연스럽게 나에게 "누나"라고 부르며 친근함을 표현하고는 했다. 나보다 나이가 많은 분들께는 왜 그러했는지 모르겠지만 나는 늘 "아저씨"라고 부르며 깍듯이 존댓말을 사용했다. 별다른 목적이나 이유는 없었다. 습관적으로 입에서 나오는 대로 자연스럽게 존댓말을 사용한 것 같았다.

그러던 중에 연구 주제 관련 조사를 진행해야 했다. 친분이 약간 있는 아저씨에게 도움을 요청했다. 한국말을 정말 잘하는 분이었는데 나의 부탁에 "걱정 마. 아저씨가 다 해줄게!"라며 사람 좋게 웃어 보였다. 그 뒤에도 아저씨는 "아저씨가 도와줄게. 내가 도와줄 수 있어"라며 언제나 호의 가득한 답을 전했다. 단

       타인을 기록하는 마음

순히 예의의 문제가 아니었다. 아무것도 해준 것이 없는데도 나에게 고마움을 느끼며 진심으로 도와주려는 느낌을 받았다.

거의 아버지뻘 나이였던 아저씨에게는 인도네시아에서 대학을 다니는 20대 딸이 있었다. 아저씨가 거주하던 집은 지방 어느 소도시의 작은 단독주택인데 그렇게 썩 좋지도 나쁘지도 않은 우리네 오래된 가옥의 모습이었다. 아저씨 집을 방문해서 대화를 나누던 중 아저씨는 한국에서 열심히 일해서 인도네시아에 가족들이 거주하기 위한 이층집을 지었다고 밝게 웃으며 자신의 집 사진을 보여주었다. 아이러니하게도 아저씨는 아직 한 번도 가보지 못한 집이었다. 오로지 사진으로만 집의 모습을 보면서 한없이 행복한 미소를 지어 보였다.

문득 어린 시절 보았던 개그 프로그램의 한 장면이 떠올랐다. 지금으로부터 20여 년 전 일이니 외국인 노동자에 대한 개념은 지금보다 현저히 부족하던 시기였다. 나이와 관계없이 외국인 노동자들은 늘 약자였고 그저 고용자들이 부리는 사람들이었다.

당시 KBS <개그콘서트>에서는 '블랑카'라는 이름을 가진 이주 노동자를 희화화하면서 한국 사회의 어두운 일면을 꼬집었다. "사장님, 나빠요!"라고 우스꽝스러운 발음으로 말하며, 임금을 체불하고 자신들을 정당하게 대하지 않는 일부 한국인의 모습을 그려냈다. 다소 불편한 사실이고 감정이지만 우리 사회는 오랫동안 어쩌면 지금도 그저 우리나라에 돈을 벌러 온 존재이자 우리가 조금 함부로 대해도 되는 존재라고 이주 노동자를 생각하던 순간이 있지 않았나 싶다. 한국에서는 다소 남루하고 힘들게 살아도 본국의 가족을 위해서 한없이 희생하고 그들의 나아진 삶을 보며 행복해하는 아저씨의 모습을 보니 독일로 보내진 파독 광부와 간호사가 겹쳐 보이는 듯했다. 이들 역시 우리나라에 돈을 벌러 온 아무개가 아니라 한 가족의 가장이고 소중한 사람이었다.

아저씨가 어느 순간 나에게 마음의 문을 열고 호의로 일관했던 것은 나의 존댓말 때문이었다. 한국에서 오랫동안 생활했지만 따뜻한 표현과 존중이 담긴 존댓말이 아니라 툭툭 내뱉는 말과 이방인을 대하는 차가운 시선이 아저씨에게는 일상이었다고 한다. 그러던 와중에 자신의 딸보다 조금 더 나이 많은 젊은 여성이 찾아와 꼬박꼬박 아저씨라 부르며 이런저런 이야기를 나누면 이유와 그 시작점을 알기 힘든 좋은 마음이 들었다 했다.

놀라웠다. 내가 값비싼 선물을 준 것도 아니었고(물론 값비싼 선물을 할 수 있는 능력도 없었다) 그들의 문화를 잘 이해하면서 이야기를 듣기 때문도 아니었다. 단지 우리 사회 속에 공존하는 사람들을 처음 마주했을 때부터 존중의 제스처를 보낸 것만으로도 나는 그들과 호의적 관계를 맺기 시작할 수 있었다. 문득 궁금해졌다. 내가 살아온 세상과 다른 세상 속에 살아가는 이 사람들은 대한민국이라는 같은 하늘 아래 살면서 어떤 사회의 모습을 보며 살고 있을까라는 물음이 들었다.

두려움과 공포의 대상이었던 누군가가 사회 한쪽에서는 약자로 살아가고 있다. 어떤 이는 이들의 인권을 위해 목소리를 높이고 또 어떤 이는 이들이 약자가 아니라 주장하며 우리 사회에서의 분리를 요구한다. 두려움과 공포의 대상으로 우리 사회에 절대로 유입되지 않게 막자고 외치는 사람이 있는가 하면 중동이나 동남아시아를 포함한 이슬람 세계의 경제적 잠재력과 교류 이익을 보며 상호 우호적 관계를 수립하거나 확장하자고 주장하는 사람도 있다. 우리는 우리와 함께 살아가고 있는 이방인과 어떤 장르에 서 있는 것일까.

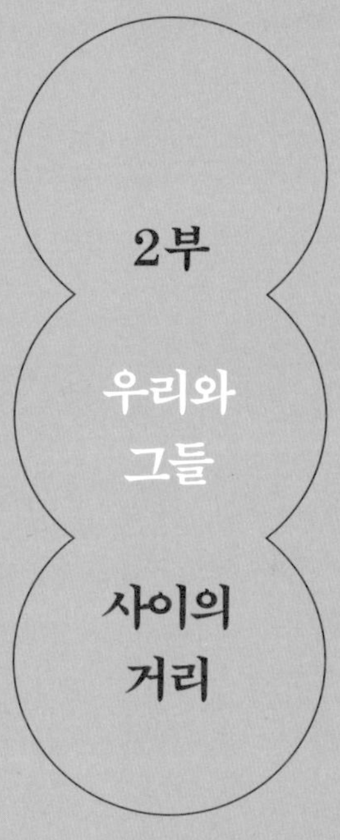
2부

우리와
그들

사이의
거리

무슬림 유입
증가로 인한 갈등

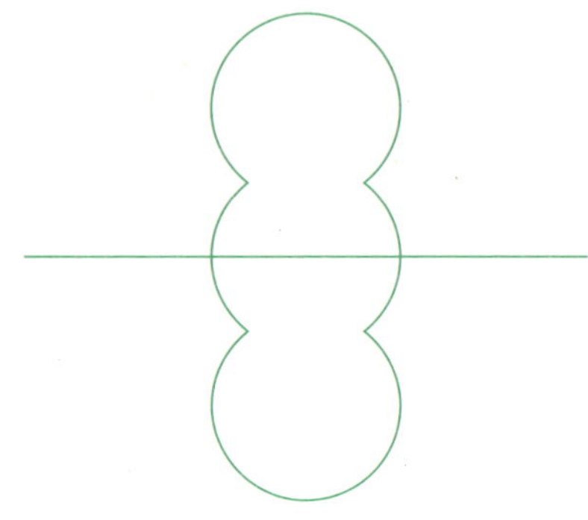

2021년 초였다. 대구 경북대의 모스크 건축 관련 갈등 상황이 언론에 보도되기 시작했다. 경북대 앞에 2014년부터 소규모 예배소를 거쳐 대지와 작은 건물을 매입해 모스크를 건설하려고 계획하고 구청의 허가를 받아 건축을 진행하던 무슬림 측과 모스크 건축을 허가한 구청을 압박하고 시위를 진행하기 시작한 주변 주민 간의 갈등이었다.

국내 이주 무슬림 연구를 시작했던 초기였다. 갈등의 중심이 된 모스크 대지를 방문했었는데 경북대에 재학 중이던 박사생들이 주축이 되어 모스크 건립을 추진하고 있었다. 그들은 전국을 돌며 모스크 건설에 필요한 자금을 모았다. 사실 주요 중동 국가는 해외 모스크 건설 후원 사업을 공격적으로 진행하고 있다. 또한 이슬람 세계의 자본가들은 해외 모스크 건설을 후원하기도 한다. 우리나라에도 해외 독지가의 도움을 받아 모스크를 건설한 사례도 있다. 매주 전국을 떠돌며 조금씩 돈을 모아 모스크 건설을 준비하던 학생들에게 나는 왜 후원을 받지 않고 스스로 해결하려는지 물었다. 학생들은 외부 자금이 유입되면 후원자의 종교적 성향에 영향을 받을 수 있어서 자신들의 힘으로 모스크 건설을 이루어내고 싶다 했다. 앞으로 몇 년이 걸릴지 모르지만 한 걸음씩 가다 보면 언젠가 해낼 수 있다고 말했다.

2020년 말, 우연한 기회로 경북대 앞 모스크를 다시 찾았다. 내가 알고 있던 건물은 온데간데없이 사라지고 기반 공사가 진행된 상태였다. 모스크를 관리하던 아저씨로부터 그동안의 사정을 들을 수 있었다. 어떤 주민의 소개로 매입한 건물 대지가 맹지였기 때문에 필요 자금이 예상보다 늘어났지만 결국 도로를 내기 위한 건물을 추가로 매입해 건설을 시작했다고 했다. 건물 토대에 콘크리트를 붓고 양생하기 위해 기다리는 상황이었고 추위가 조금 가시고 콘크리트가 굳으면 건물을 올릴 것이라 했다. 모스크 건립 기금을 마련하고 주변 무슬림들의 구심점 역할을 하면서 예배를 주도하던 학생은 그동안 있었던 일을 차근히 이야기해주면서 무척이나 설레했다. 드디어 오랫동안 꿈꾸어온 소망을 이룰 수 있다 했다. 이미 오랫동안 경북대 학생들을 중심으로 예배소가 운영되었기 때문에 큰 저항이나 반발없이 건설이 진행되리라 생각했고 주민 반발을 묻는 말에도 그런 일은 없다 했다.

길지 않은 시간이 흘렀다. 자동 알림을 설정해둔 휴대전화가 아침부터 요란하게 울리기 시작했다. 주민들은 모스크 건설에 반발하며 플래카드를 내걸고 공사 중단을 요구했다. 사실 우리나라에서 종교 시설 건축은 건축법에 위반 사항이 없다면 건설 가능한 '신고제'에 기반하고 있다. 구청 차원에서 건설을 중단하거나 제재할 방법은 실질적으로 없다. 하지만 허가를 내어준 구청은 주민 합의를 이유로 모스크 건설을 중단시켰다. 무슬림과 주민은 협상을 진행했다. 하지만 소음과 악취, 지역 슬럼화를 이유로 내세운 지역 주민 측과, 법적으로 하자 없고 주민의 요구 사항을 수용해 모스크를 운영하겠다는 무슬림 측 주장은 평행선을 달렸다. 건설을 진행하고자 했던 무슬림 측은 국가인권위원회에 제소를 진행했다. 공사 중단 결정을 취소하기 위한 행정 소송도 진행했다.

결과적으로 무슬림 측은 행정 소송에서 승리했다. 법적으로 공사를 중단시킬 명분은 사라졌지만 주민 측은 공사장 입구

     타인을 기록하는 마음

에 차를 세워두며 공사를 막기 시작했다. 새벽 5시부터 사람들을 세워두며 공사를 진행하지 못하도록 했고 쓰레기를 가져와 해당 대지에 불법 투기한 후 무슬림이 쓰레기를 방치한다며 구청에 신고하는 행동을 반복하기도 했다. 또한 모스크 주변을 걸어 다니는 무슬림을 쫓아가면서 "You! Terrorist!"(넌 테러리스트다) "Go Out!"(나가)이라고 외치기도 했다. 이 모습은 고스란히 동영상 속에 담겨 있었다.

화면을 보면서 걱정과 함께 묘한 불편함이 생겼다. 그래서 불편함의 시작점이 무엇이었을까 온종일 생각해보았다. 코로나19 상황 이후 미국과 유럽에서 발생한 아시아 혐오를 담은 동영상의 구도와 내가 본 무슬림 동영상의 구도가 묘하게 겹치는 모습이 보였기 때문이라는 생각에 이르렀다. 한목소리로 비판하고 규탄하던 그 장면이 화면 속 주체와 객체가 바뀌어 등장하자 정체를 알 수 없는 불편함과 불쾌감이 마음속에서 꿈틀거리며 용솟음쳤다. 우리도 약자의 위치에 서 있었으면서 왜 이렇게까지 해야 하는가, 왜 이렇게까지 타인을 배척하고 상처를 주어야 하는가에 대한 원론적 질문을 나 자신에게 퍼붓기 시작했다.

지역 주민들의 입장도 충분히 살펴야 한다

○

물론 주민들의 입장 역시 공감할 수 있다. 소음과 악취, 외국인 군집으로 인한 공포감 조성, 지역 슬럼화 등의 이유는 공감할 수 있으며 해결책을 생각해보아야 하는 범주에 들어간다. 다만 사실에 근거하지 않은 소문에 기반을 둔 비방은 오히려 주민들의 주장에 신빙성을 떨어뜨리고 사람들의 반발을 불러일으킨다. 모스크에서는 하루 다섯 번씩 예배를 진행하는 것이 일반적이다. 물론 이것은 무슬림이 다수인 국가에서 볼 수 있는 모습이고 무슬림이 한데 모여 다섯 번씩 예배를 진행하는 경우는 한국 사회의 현실 문제 때문에 실제로 드물다. 또한 예배하러 오라고 예배 시작 전에 알리는 아잔Azan이나 예배 과정 중 진행하는 설교로 소음 문제가 발생할 가능성이 있다.

다수가 모이기 때문에 군집이라는 요소만으로도 주변 주민들에게 소음 피해를 줄 가능성 또한 존재한다. 다른 종교 시설과 마찬가지로 무슬림 역시 모스크에서 예배를 진행하고 함께 음식을 나누어 먹을 때도 있다. 모스크의 규모와 사람들 성향에 따라 빈도수에는 차이를 보이지만, 매우 낯선 향신료 향이 담장 밖을 넘어간다면 단 한 번의 사례라도 한국인들에게는 불편이 가중된다. 불특정 다수의 외국인이 수차례 해당 모스크를

 타인을 기록하는 마음

드나들면, 관련 상황을 알지 못하는 주변 사람들은 이들의 통행과 모임 자체에서 불편함을 느끼거나 심한 경우 공포감을 느낄 가능성도 있다. 다른 지역 모스크 주변에 있는 자치단체에 실제로 이와 비슷한 민원이 제기된 적도 있었다. 이런 불안과 불만은 분쟁 초기부터 제기된 것이며 무슬림 측은 이 사항과 관련한 대안을 제시하면 협상하고자 했다. 하지만 노력은 물거품이되었다.

최근 분쟁이 심화하면서 소음 및 악취보다 더 전면에 등장하는 건축 반대 요인은 지역 슬럼화다. 무슬림이 해당 지역에 모이게 되면 다른 한국인들이 지역을 떠날 것이고 지역 상권도 무너지며 결과적으로 지역 슬럼화를 가져온다는 것이다. 해당 지역은 경북대 학생과 주민 들의 거주 지역과 소규모 상권이 형성된 곳이다. 경북대 주요 출입구 주변에 대규모 상권과 거주 지역이 있는데 이들과 비교할 때 상대적으로 작은 규모를 보인다. 이 지역에는 경북대에 재학 중인 다양한 외국인 유학생이 세를 들어 많이 거주하고 있다. 물론 임대 사업자의 바람과 달리 외국인 유학생들과 집주인 간에 크고 작은 갈등이 발생하는 사례도 있고 우호 관계를 구축하며 사는 일도 있다. 이는 외국인이라서 더 특별한 관계가 형성된다기보다는 사람이 모여서 사람 간 관계가 형성되는 것이라 보아야 한다. 한국인과 외국인

간 관계가 한국인 간 갈등 발생과 우호적 관계 수립과 다른 양상을 보인다고 단정하기는 어렵다.

주민들은 무슬림 증가로 인한 지역 슬럼화를 우려한다. 사실 현재 상황으로는 해당 지역 내 거주하던 외국인이 배척당하는 분위기 때문에 떠나고 있으며 경북대로 유학을 생각하던 외국인 유학생 역시 이런 상황을 인지하고 해당 지역 유입을 선택하지 않는 상황이 시작되었다. 슬럼화를 염려해 취한 행동이 역설적으로 도시 공동화空洞化와 슬럼화를 앞당기는 결과를 낳고 있다.

혹자는 "그러면 외국인한테 들어오지 말라고 하면 돼" "우리가 안 받으면 그만이야"라고 쉽게 말할 수도 있다. 하지만 현실은 그리 녹록지 않다. 서울 및 수도권 주요 대학과 달리 지방대학은 학생들을 유치하지 못해 미달이 반복된다. 학생 모집 미달은 대학 존립에 영향을 미친다. 결국 그동안 축적된 수많은 사회문제의 영향으로 우리 사회는 여러 방면에서 외국인을 받아들였다. 이렇게 기록을 남기고 있는 순간에도 상황이 악화하고 있는 현실 속에서 "모두 다 너희 나라로 돌아가!"라고 외치는 사람들에 맞서는 목소리가 나오기 시작했다.

"이렇게 우리를 비난하고 싫어할 것이었다면 왜 처음부터 우리가 들어오는 것을 허가했는가?"

 타인을 기록하는 마음

갈등 해결의 열쇠를 쥔 지자체의 역할

○

가장 큰 문제는 우리 사회가 안고 있는 사회문제가 해결될 기미가 보이지 않는다는 것이다. 현재 우리나라의 출산율이 드라마틱하게 높아지고 인구가 증가할 가능성은 극히 작다. 한국인 인구는 감소할 것이다. 단순한 인구 감소 문제가 아니다. 사회에서 활동하고 노동력을 창출하며 활기를 불어넣는 동력원이 될 젊은 인구가 줄어드는 것이다. 우리나라 자체적으로 이 인구 수를 충당하지 못한다면 국가 경쟁력은 감소할 것이다. 이를 해결하기 위해서라도 앞으로 우리나라의 외국인 유입은 증가할 수밖에 없다. 오히려 정책적으로 정부가 관리할 수 있는 범주 안에서 외국인 인구 유치를 진행해야 하는 상황이 다가오고 있다. 우리 사회의 미래와 거대 담론 속에서 경북대 앞 모스크 건축을 둘러싼 분쟁은 지극히 작은 사건일지 모르지만 우리 사회의 수용성과 향후 변화 과정을 대면해야 하는 사람들의 인식을 확인할 수 있는 리트머스지로 보아야 한다.

주민들이 가장 우려하는 요소 중 하나는 이슬람 극단주의자의 유입이다. 앞서 언급한 바 있는 이슬람 극단주의와 관련한 해외 테러 상황이나 국내 보도를 바탕으로 사람들은 이슬람 극단주의를 너무나 잘 알게 되었고 이에 대한 우려와 걱정을 안게 되었다. 특히 2021년 8월 탈레반의 재등장과 아프가니스탄을 중심으로 고조되는 상황으로 인해 이슬람 극단주의자를 향한 공포감과 반발심이 커지고 있다. 이슬람 세계에 극단주의자가 존재한다는 사실은 누구도 부인할 수 없다. 모든 무슬림이 극단주의자인 것은 아니지만 무슬림 중에는 극단주의자가 없다는 명제도 틀린 것이다. 따라서 극단주의자의 유입을 막고 일말의 가능성에 대한 대비와 예방을 진행해야 하는 것도 사실이다.

이를 위해 최근 국제사회에서는 초국가 안보라는 개념 아래 서로 유기적으로 협력하면서 사회 안보를 지키기 위한 공동의 노력을 진행하고 있다. 다만 이 작업은 국민 개개인이 하기에는 무리가 있다. 국가가 촘촘하게 잘 설계한 시스템 안에서 진행되어야 하는 작업이며 국가는 모든 가능성을 인지·예측하고 국민을 보호하기 위한 안전망을 구축해야 한다. 따라서 모스크 건축을 금지하기 위한 가장 큰 요소로 이 문제를 가져와 주장하게 되면 끝을 알 수 없는 도돌이표 안에 갇힌 채로 논쟁을 반복하게 된다.

사실 이러한 상황 때문에 모스크나 예배소 관련 갈등 속에서 지자체의 역할이 매우 중요하다. 영국의 경우 1990년대 진행된 모스크 개축과 확장 과정에서 주민과 무슬림 공동체 간 갈등을 해결하기 위해 지자체가 적극적으로 개입했고 갈등 여파를 최소화할 수 있었다. 또한 무슬림과 주민측 입장을 정확하게 대변할 수 있는 대표 기구가 존재했다. 지자체의 균형 잡힌 중재 안에서 이들은 각자의 입장을 제시하며 협상을 통해 수용할 수 있는 범주를 능동적으로 설정했다. 모스크 건설을 위한 최종 협상을 이루기까지 수년의 시간이 걸렸지만 결국 팽팽한 갈등 끝에 접점을 찾아냈다.

평행선을 달리는 주민과 무슬림 사이의 간극은 시간 흐름에 따라 자연스럽게 서로를 이해하게 된다거나 기적적인 합의에 이르러 공존할 수 있게 된다는 동화적 결말을 끌어낼 수 있는 문제가 아니다. 오히려 어느 한쪽이 백기를 들기 전에는 끝나지 않는 데스매치에 가까운 갈등이다. 서로에게 정확한 정보와 합의점을 제시해야 하며, 만족할 수 없겠지만 수긍할 수 있는 결론을 끌어내기 위해서는 한발 물러서야 하는 주체가 누구인지 한발 들어가야 하는 주체는 또 누구인지 다시 한 번 생각해보아야 하는 시점에 우리가 서 있다. 물론 쉽지는 않겠지만 말이다.

감시하는
사람들

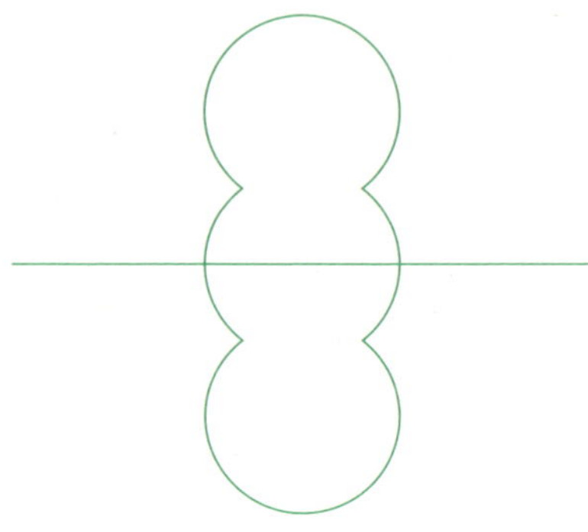

2020년 12월, 프랑스를 중심으로 이슬람 극단주의와 관련해 다시 긴장감이 높아졌다. 9·11 테러 이후 국제사회에 가장 큰 충격을 준 테러 사건 중 하나는 2015년 프랑스 파리에서 연쇄적으로 발생한 이슬람 극단주의자의 테러였다. 이슬람과 예언자 무함마드를 희화화하며 풍자한 만평을 게재한 시사 만화 잡지 《샤를리 앱도》의 파리 사무실에서 발생했다. 바타클랑 극장에서 인질 사건이 발생했고 스타드 드 프랑스 축구 경기장 주변 술집에서 폭발이 일어나기도 했다. 당시 수많은 사람이 프랑스에서 발생한 사건에 애도를 표하고 이슬람 극단주의자를 비난했다. SNS에서는 "Pray for France"(프랑스를 위해 기도합니다)라는 해시태그가 퍼져나갔고 자신의 프로필에 프랑스 국기를 덧대며 애도를 표하기도 했다.

시리아와 이라크 북부 지역을 중심으로 ISIS가 득세하며 이슬람 국가를 건설했고 이들이 무차별적으로 자행하는 테러와 인질극, 납치 등으로 사람들은 공포에 휩싸였다. 유럽이나 북미 같은 서방 세계에서 이슬람 극단주의자가 자행하는 테러는 자국 내 극우 세력이 실시하는 테러와 함께 국가 안보를 위협하는 주요 요소가 되었다. 2017년 이후 ISIS가 장악하고 있던 영토를 상실하고 점조직 형태로 흩어짐에 따라 유럽 사회에 직접 가해지는 이슬람 극단주의자의 테러는 감소세로 돌아섰다. 특히 중동과 같은 이슬람 주류 지역에서 직접 유럽 사회에 가하는 테러나 이들의 직접적 명령을 토대로 사회로 유입되어 발생하는 테러는 감소했다.

하지만 2020년 10월, 이전과는 조금은 결이 다른 듯한 테러가 발생했다. 바로 역사 교사 참수 사건이다. 사뮈엘 파티Samuel Paty가 표현의 자유에 관한 수업을 진행하며 《샤를리 앱도》의 이슬람 풍자 만평을 보여준 일이 원인이었다. 수업 과정에서 불쾌감을 느낄 수 있는 무슬림 학생들은 교실을 떠나도 좋다고 허락받았고 이 사실이 외부로 알려지면서 사뮈엘 파티는 위협당하기 시작했다. 체첸 출신의 18세 이주 무슬림 소년

압둘라 안초로프Abdullah Anzorov는 사뮈엘 파티를 길거리에서 참수했고 도주 중 사살되었다. 압둘라는 여섯 살이었던 2008년에 부모와 프랑스로 이주했고 2020년 3월에 난민 지위를 인정받은 소년이었다. 12년을 프랑스에서 거주한 이주민이었던 압둘라는 프랑스에서 자생적으로 성장한 외로운 늑대형 테러리스트로 판단되었다.

사건의 충격이 채 가라앉기도 전에 튀니지 출신 남성이 성당에서 기도를 드리던 사람들을 공격해 살해하는 테러 사건이 프랑스 니스 지역에서 발생했다. 노트르담대성당 안팎에서 테러범이 흉기를 휘둘렀다. 한 여성이 성당 안에서 참수당했고 2명이 칼에 찔려 목숨을 잃었다. 테러범은 튀니지 출신의 21세 이주민 이브라힘 아위사위Ibrahim Aouissaoui로 2020년 9월 이탈리아로 입국한 뒤 10월 9일 프랑스로 거처를 옮긴 상태였다.

일련의 사건과 함께 프랑스 정부는 이슬람 극단주의 확산과 테러 연계를 막아내기 위한 선제적 조치를 가하기 시작했다. 실제로 행동하는 극단주의자의 검거와 처벌뿐만 아니라 이슬람 극단주의를 교육하고 전파하는 기점이 되는 종교 시설을 찾아 단속하고 제재하겠다는 계획이었다. 제랄드 다르마냉Gerald Darmanin 프랑스 내무장관은 이슬람 분리주의 의혹을 받는 76개 모스크 단속을 강화할 것이라고 밝혔다. 그중 18개 모스크는

 타인을 기록하는 마음

'즉각적인 조치'를 받게 될 것이라 발표했다. 2015년 이후 이슬람 극단주의 세력의 주요 타깃으로 수많은 인명 피해가 발생했던 프랑스로서는 당연한 일이었다. 프랑스 정부가 내세운 정책 찬성 여부와 별개로 한 가지 궁금증이 생긴다. 프랑스 정부는 어떻게 이렇게 즉각적으로 프랑스 내 극단주의를 표방하는 모스크를 지목하며 정책을 진행할 수 있었을까? 답은 관찰(감시)이다.

국가 차원의 행동은 사람들의 삶에 영향을 미친다

○

프랑스의 철학자 미셸 푸코Michel Foucault는 현대사회의 특성을 설명하면서 감시 개념을 적용했다. 공리주의자인 제러미 벤담Jeremy Bentham이 제시한 파놉티콘Panopticon은 현대사회의 권력 의미를 설명하는 가장 이상적인 구조로 미셸 푸코의 책을 통해 확대되었다. 효율적인 체계를 통해 소수자가 다수를 감시할 수 있고 소수자에게 부여된 권력으로 인해 다수의 사람은 소수자의 실제적 존재 여부와 관계없이 소수의 권력에 복종한다. 푸코의 감시 체계는 정보화사회라고 불리는 현대사회의 다양한 모습을 설명하는 데 주로 사용되고 있다. 인터넷을 통해 불특정 다수의 정보가 수집되고 수집 주체가 누군지 모르는 상태에서 우리의 일거수일투족이 카드 사용 내역, CCTV 속 모습 등을 통해 한군데로 모인다. 알지 못하는 주체의 감시 혹은 관찰을 삶의 편안함을 누림과 함께 현대인은 용인하는 것이다.

2000년대 중반 프랑스 철학자 디디에 비고Didier Bigo는 푸코의 파놉티콘을 확장한 바놉티콘Banopticon을 주장했다. 간단하게 말하면, 현대사회에서 타인을 감시하는 행위는 자신과 다른 상대 혹은 자신의 생활 반경이나 범주에 부합하지 않는 타자를 찾아내고 구별해서 종래에는 자신의 주변과 사회에서 배제하기 위한 행위라는 것이다.

최근 초국가 안보라는 개념을 활용해 무슬림 극단주의자 명단을 공유하고 테러 위협 가능성이 있는 위험인물의 입국을 국가 간 교류와 협력을 통해 사전 차단하는 국제사회의 움직임이 존재한다. 이런 변화는 안보의 연장선이자 확대라고 볼 수 있고 인권을 위협하는 행동으로 해석할 수도 있다. 무엇이 옳은지 그른지에 관한 문제가 아니라 개인의 관점과 사회 속 역할과 경험, 판단의 문제일 것이다. 다만 목적과 행위의 결과와 관계없이 우리의 삶을 안전하게 지키기 위해 혹은 인권을 지키기 위해 진행해야 하는 일련의 과정은 자칫 잘못하면 다른 사람을 관찰하고 내가 속한 공동체와 맞지 않는 부분을 찾아내 사회로

   타인을 기록하는 마음

끄집어 올리는 행동으로 이어질 수 있다는 것이 문제다.

테러는 먼 나라 이야기라고, 그리고 내가 사는 이곳에서 언론에 보도되는 이슬람 극단주의자가 감행하는 테러로 피해 당할 수 있다고 생각하는 사람이 다수였던 상황에서 2001년 9·11 테러와 2015년 이후 동시다발적·지속적으로 발생한 테러는 사람들의 생각을 바꾸어놓았다. 이전에는 소위 접근하기 어렵고 방어막이 구축되어 있는 하드 타깃hard target에서 군사적·물리적 보호막을 갖추고 있지 않은 일반인 대상인 소프트 타깃으로 변화했다.

일련의 사건들로 인해 내가 사는 이 땅에서 내가 테러 대상이 될 수 있다는 가능성을 사람들이 인지하게 된 것이다. 그래도 안전하다고 생각했던 우리 주변에서 테러 행위가 본격적으로 발생하기 시작하면서 국민의 안전을 지켜야 하는 국가, 그리고 자신과 자신의 주변을 지키고자 하는 사람들의 움직임은 기민해졌다. 테러를 일으킬 가능성이 있는 사람들을 색출하고자 했고 이들의 목록을 만들어 공유하기 시작했다. 많은 사람의 전문적 관점과 정보가 모여 만들어진 목록이기 때문에 이런 활동을 통해 우리의 삶은 한층 더 안전해질 수 있을 것이다.

다만 국가 차원의 행동은 국가의 구성원으로 살아가는 사람들의 삶에 영향을 미친다. 모든 사람이 나쁜 사람들의 명단을 정확하게 인지할 수 없고 소수의 사람으로 인해 사람들에게 각인된 이미지는 잘 변하지 않는다. 또한 정확하게 이슬람 극단주의자, 무슬림으로 타깃팅되었기 때문에, 극단주의자가 아닌 평범한 사람들 역시 자신이 무슬림이라는 이유로 위축되고 삶의 모습도 변하기 시작한다. 현재도 진행 중인, 사람들이 자신을 지키기 위해 하는 행동이 나비효과가 되어 어떤 모습으로 되돌아올 것인지는 아직 우리가 경험해보지 못한 미지의 세계다. 물론 가장 중요한 것은 사람의 생명과 삶의 영위다. 이유를 막론하고 다른 사람의 목숨을 빼앗거나 버리도록 강제하는 것은 용서할 수 없는 행위다. 더욱이 그 대상이 불특정 다수이자 소프트 타깃이라면 이런 행위는 그 어떤 이유로도 용납할 수 없다.

평범한 누군가가 고통받고 있다

○

이슬람 극단주의자가 초래했든지 안보를 최우선으로 내세운 정부가 만들어내었든지 혹은 언론이 각색했든지 간에 이슬람이 가지고 있는 고정적 이미지 속에는 특정한 틀 안에서 고통받는 평범한 사람이 있다는 사실이 문제다. 단순하게 '무슬림이 테러리스트인 것은 사실이잖아' '너희 중에 나쁜 사람들이 있는 것은 사실이잖아' '이건 자업자득'이라는 논리는 더 이상의 대화를 진행할 수 없이 막다른 골목으로 상황을 끌고 가는 것과 같다. 나쁜 사람들은 찾아내고 처벌하되 다른 종교를 갖고서 함께 살아가는 사람들과 공존하는 방법을 찾아야 한다.

반복해서 논하고 있는 '공존'은 '양보'를 의미하는 것이 아니다. 결국 이주민과의 공존에는 상호 교환적 의미가 숨겨져 있다. 이주민 유입과 사회 갈등을 논하다 보면, 모든 갈등 상황의 잘잘못이 확실하게 구별되고 해답이 명확하게 보이면 얼마나 좋을까라는 생각을 한다. 하지만 현실적으로 양측 입장에 모두 공감할 수 있지만 뚜렷한 해결 방법도 존재하지 않는 것이 사실이다. 일방적 배제나 수용이라는 관점으로는 갈등의 폭발이라는 결말로 치닫는 것이다. 결국 공존이라는 단어에 숨겨져 있는 것은 서로를 인정하고 현실을 직시하며 상호 교환을 이루어야 한다는 것일 테다.

공존으로 가는 지름길

○

우리나라 역시 무슬림 공동체를 살펴보는 사람들이 있다. 살펴본다는 것은 우리 사회 속에 들어와 함께 살아가는 사람들이 누구인지 이해하고, 이주민도 그리고 이주민을 받아들이는 우리도 갈등을 겪지 않고 살 수 있도록 사회에 안착할 수 있는 체계를 만들어감을 의미한다. 모든 무슬림이 위험하기 때문에 이들을 감시한다는 명분이 아니다. 다양한 활동과 소통 과정에서 한국 사회의 안전과 안보를 위협할 수 있는 사람들이 있을 가능성을 확인하기도 하고 공동체의 내부 갈등이나 한국인과의 갈등을 원만하게 해결하기도 한다. 한국 사회의 법적·행정 체계에 익숙하지 않고 언어 사용도 원활하지 않기 때문에 결국 이 모든 일련의 과정을 통해 어려운 상황에서 도움을 주고 소통하며 무슬림 공동체가 한국 사회의 일원으로 제대로 적응하도록 돕는 것이다.

이주민과 소통하고 이들의 삶을 인지하며 지켜보는 다양한 사람들의 이름은 자신의 직업과 지위에 따라 인권을 이야기하는 사람이 될 수도 있다. 안보와 치안을 논하는 사람일 수도 있고 사회를 연구하는 학자의 모습일 수도 있다. 무슬림 역시 우리나라의 여러 사람이 하는 이런 활동을 불편해하지 않았다. 오히려 자신들의 어려움을 더 쉽게 이야기할 수 있는 사람이자 도움을 주는 사람으로 인지하고 있었다. 경찰이나 출입국 관련 직무를 수행하는 실무자는 정부가 시행하는 다양한 정책을 실효성 있게 시행하기 위해 계도 활동을 진행하기도 한다. 불법체

　타인을 기록하는 마음

류자의 자진 신고를 유도하거나 무면허 운전 등을 교육으로 예
방하고 최근 상황 속에서는 전염병 예방을 위한 다수가 모이는
공동체에 대한 계도 활동을 진행했다. 무슬림들이 점으로 뿔뿔
이 흩어져 있었다면 불가능했을 활동과 소통이 이들이 모여 있
어서 가능한 것이다.

사람들이 모여 있다는 것은 유럽 사회가 우려하는 대로 극
단주의가 유입되고 빨리 퍼지는 창구가 될 수 있다는 의미이기
도 하지만 지역사회에 영향을 미치고 사회 속에서 평화롭게 공
존하기 위한 소통의 거점이 될 수도 있다. 마치 유리컵 속 반쯤
채워진 물을 바라보면서 물이 반이나 남아 있다고 생각할 것인
지 혹은 물이 반밖에 남지 않았다고 걱정할 것인지와 같은 문
제다. 동일한 현상을 바라보지만 이 현상을 긍정적 측면에서 바
라보고 긍정적 활용 측면을 예상할 것인지 부정적 요소를 먼저
바라보고 금지의 해법을 내놓을 것인지의 문제일 것이다.

물론 이 모든 관점이 옳은지 그른지로 양분해서 결론 내릴
수는 없다. 이전에 존재한 많은 사례를 종합해 살펴보고 가장
옳은 선택을 해야 한다. 결국 우리 사회에서 살아가고 있고 앞
으로 살게 될 이주민과 이주 무슬림 들이 어떤 역할을 하게 될
지는, 끊임없이 소통하며 시스템을 만들고 모두의 안전과 삶을
위해 노력하는 실무진을 믿으며 우리가 함께 노력함에 달린 문

제다.

내국인과 외국인 공동체가 갈등을 겪는 현장에서 한 할아버지와 우연히 인터뷰를 진행하게 되었다. 사실 인터뷰할 생각은 전혀 없었는데 길을 걸어가던 중에 말 그대로 붙잡혀 할아버지의 하소연을 듣게 된 상황이었다. 수많은 말이 오갔지만 그중 가장 기억에 남는 내용이 있다.

"여기에 건물 짓지 못하게 하려고 쟤네들(무슬림)이 뭐했는지 내가 다 찾아봤어. 단 하나라도 일 처리한 것 중에 잘못한 것이 있으면 내가 찾아내서 쟤네 고소할 거야. 여기서 다 쫓아내 버릴 거야."

우리나라는 정보 접근에 있어 자유도가 매우 높은 편이다. 사회에서 발생하는 일은 매 순간 기록되고 통계로 수집할 수 있는 자료는 이미 체계를 갖추고 공개되어 있다. 또한 사회 전반에 걸쳐 체계적인 시스템이 존재하며 사람들이 자신의 목적을 이루기 위해 합법한 절차를 거쳐 일을 진행할 수 있다. 원하지 않는 사람들을 내 울타리 안이나 근처에서 쫓아내기 위해 그들의 잘못 하나하나를 찾아내기에는 너무나 좋은 환경이다.

현재 한국 사회에서 갈등을 겪고 있는 한 지역을 취재한 분들의 말을 남기고 싶다.

"우리가 배운 대로라면 외국인 관련 시설이 우리 동네에 들

  타인을 기록하는 마음

어오는 것을 막는 건 님비NIMBY(공공 이익에는 부합하지만 자신이 속한 지역에는 이롭지 않은 일을 반대하는 이기적인 행동) 현상인데 이것이 정말 님비 현상인지, 아니면 그 이상의 깊은 부정적 감정이 존재하는 것인지…."

이슬람을 향한
공포의 감정들

근래에 이슬람을 이야기할 때 빠지지 않는 단어 중에 이슬라모포비아Islamophobia가 있다. 그리스어로 공포증을 의미하는 포비아 앞에 이슬람이 합쳐진 단어다. 한국어로 옮기면 이슬라모포비아, 이슬람 포비아, 이슬람 공포증이라 할 수 있다. 20세기 초 등장한 단어로, 등장 초기에는 이슬람에 갖는 적대적 감정이라는 의미에 더 가까웠다. 이후 1980년대부터 학계에서 많이 사용하기 시작했고 2001년 9·11 테러가 발생한 뒤 대중에 퍼지기 시작했다고 보는 시각이 있다. 앞서 언급한 것처럼 우리나라에서도 9·11 관련 보도와 연구가 진행되면서 이슬라모포비아라는 용어가 널리 알려지기 시작한 것으로 보인다. 현재는 이슬람 세계에 갖는 두려운 감정을 통칭하며 이슬람이라는 종교 자체, 이슬람을 믿는 무슬림을 배척하고 부정적으로 바라보는 모든 행동 기저에 깔린 원인으로 많이 인용한다.

가령 2018년 예멘 난민의 제주도 입도 당시 사회적으로 많은 반발이 발생하고 난민 유입을 막아야 한다는 여론이 형성된 것이나 2020년 경북대 앞 모스크 건설을 둘러싼 갈등, 강릉 지역 외국인 센터 건설 반대 활동 등이 발생한 원인 중 하나로 이슬라모포비아를 꼽는다. 따라서 다수의 연구자는 한국 사회에 이슬라모포비아가 얼마나 퍼져 있는지, 이로 인해 사람들은 어떤 감정과 생각을 갖고 있으며 사회 갈등이 발생할 가능성이 있는지와 같은 연구를 진행하고 있다. 물론 사회 갈등이 왜 발생하는지를 단순히 이슬라모포비아라는 특정 요소 하나만으로 설명할 수는 없다. 이슬라모포비아가 기저에 존재하는 상황에서 다양한 요소가 복합적으로 작용하면서 갈등의 도화선이 되는 것이다.

일부 사람들은 이슬라모포비아라는 감정의 시작점을, 그리고 해결할 수 있는 방법을 찾아내고 싶어 한다. 혹자는 이슬라모포비아를 이용해 자신의 주장을 관철하려 하기도 하고 이슬라모포비아가 단순히 감정적인 부분이 아니라 사실에 기반을 둔 당연한 감정이라고 주장하기도 한다. 실제로 인터넷에 떠도는 이야기나 사람들 사이에 "~카더라"라는 내용으로 알려진 다양한 이야기를 듣고서 그 내용이 사실이라고 믿게 된다면, 그리고 그 이면의 모습을 보지 않는다면 공포라는 감정이 생기는 것은 당연할 것이다.

관점을 어디에 둘 것인가

○

아이 둘이 치약 뚜껑을 어떻게 열 것인지를 두고 티격태격하고 있었다. 조금 떨어진 곳에서 지켜보니 치약 뚜껑을 통째로 돌려서 빼려는 중이었다. 그 과정에서 이 뚜껑이 왜 돌아가지 않느냐는 둥 몸통을 제대로 잡아야 치약 뚜껑을 돌리지 않겠냐는 둥 아이들은 실랑이를 벌였다. 목소리가 점점 커지자 듣고 있던 나도 덜컥 짜증이 올라왔다. 우리 집에서 쓰는 치약은 내가 알기로 뚜껑을 위로 딸깍 열어 올리는 제품이었다. 나는 순간 버럭 짜증을 내면서 "뚜껑을 위로 올리면 되지 왜 그걸 열려고 하면서 다투는 거니?" 하고 핀잔을 주었다. 아이들은 당황스러워했다. 약간의 당혹감과 어디서부터 어떻게 말을 해야 하는지에 대한 고민, 그리고 짜증스러운 말투에 무서움을 느낀 듯한 표정이 얼굴에 섞여 있었다. "이거는 돌려서 여는 거예요." 아이들이 힘을 주어 말했지만 이미 나의 머릿속에 치약 뚜껑은 위로 연다는 사실이 박혀 있었다. 나는 더 이상 티격태격하는 소리를 듣고 싶지 않았기에 확인해보지도 않은 채 "무슨 소리야. 그 치약은 다 위로 열어"라고 대응했다. 그러고는 '내가 열어줄 테니 조용히 좀 해줄래'라는 무언의 말이 담긴 손을 내밀며 아이들에게 치약을 받았다.

아뿔사! 분명 내가 쓰는 치약과 같은 제품이었지만 이 제품은 돌려서 뚜껑을 여는 것이었다. 다만 새 제품이었기 때문에 아이들 힘으로 열기에는 뚜껑이 다소 꽉 조여 있어서 열기가 어려운 상황이었다. "우리 말이 맞죠…." 아이들은 시무룩하게 대답했다. 내가 틀렸다. 사실 정확하게 알지도 못했다. 당연히 내가 모르는 것들이 존재하기도 한다. 나보다 어리지만 내가 모르는 것을 알고 있을 수도 있다. 멋쩍은 감정이 휘몰아쳤고 괜시리 더 버럭할까 아니면 자연스럽게 무시할까 여러 생각이 머리를 채웠다. 단순히 '고작' 치약 뚜껑이었기에 "엄마가 잘못 알았네. 미안해. 열어줄게" 하고 마무리할 수 있었다. 하지만 치약 뚜껑이 아닌 다른 사람, 종교, 문화로 주제를 확장하면 상황은 조금 달라진다.

자신이 모른다는 사실조차 모르는 상황, 모르는 것을 알지만 굳이 알고 싶지도 않은 상황, 모르는 것을 알았지만 인정하고 싶지 않거나 할 수 없는 상황, 모르는 것을 알게 되고 자기 생각을 바꾸어가는 상황에서의 모든 선택은 주체성을 가진 사람이기에 할 수 있는 선택이고 누구나 자신만의 관점과 생각으로 판단하는 것이다. 이슬람을 향한 관점을 어느 지점에 두는지도 마찬가지로 철저하게 개인의 선택이다. 세상 속 수많은 사람만큼 수많은 생각과 의견이 존재한다.

이슬람과 관련해 유달리 가짜 뉴스가 많이 퍼져 있는 편이다. 대학에서 이슬람을 학술적 관점으로 접근해 강의를 진행하고 나면 학생들이 인터넷에 떠도는 글이나 자신들이 접한 다른 글을 가져와 진위를 확인하는 일이 가끔 있었다. 무슬림과 대화하는 과정에서도 이슬람을 언급할 때면 무슬림들이 "이거 알아요?" 내지는 "이거 사실이 아닌 거 아세요?"라고 먼저 말을 던지곤 했다. 이렇게 사회에 퍼져 있는 이슬람 관련 가짜 뉴스는 우리 사회에 이슬람 관련 갈등이 터져 나올 때마다 전면에 등장한다.

편견에서 비롯된 오해들

○

여러 내용이 존재하지만 결국 세 가지 정도로 압축할 수 있다.

첫 번째는 이슬람의 확장과 선교 관련 내용으로, 무슬림이 한국에 유입될수록 한국이나 특정 지역이 이슬람 선교 기지가 된다거나 무슬림이 한국을 이슬람을 믿는 나라로 바꾸려고 계획하고 있다는 것과 같은 내용이다. 두 번째는 테러, 살해, 폭력과 연계된 것으로 이슬람이라는 종교 자체가 이슬람을 믿지 않는 다른 사람을 죽이는 것을 허용하거나 장려한다는 내용, 국가 내 무슬림 비중이 일정 수준을 넘어가면 테러가 발생한다는 내용이 대표적이다. 마지막으로는 여성을 대우하는 방식이나 억압, 성적 문제에 관한 부분이다. 이슬람에서 여성을 억압한다는 내용에서 시작해 《코란》이 여성을 성적으로 학대하거나 성폭행하는 것을 허용·장려한다는 내용이 주를 이룬다.

전 세계적으로 무슬림 인구수가 증가하고 있고 다른 종교에 비해 증가폭이 큰 것도 사실이기 때문에 단순히 숫자적인 요소를 보면 이슬람의 확장세는 틀림없이 사실이다. 다만 이슬람이라는 종교를 비무슬림에게 강압적으로 전도하거나 선교를 목적으로 활동하는 사람들이 광범위하게 존재한다는 것은 사실이 아니다. 또한 지금까지의 우리 사회 모습을 보면, 폭발적인 무슬림 인구수 증가 역시 우리 사회에서는 불가능이라고 판단함이 여러 학자의 중론이다. 외국인 노동자 유입에 따라 앞으로 우리 사회 내 무슬림 인구가 점진적으로 증가할 수 있다. 그리고 이들이 우리나라에 정착하는 것을 목표로 하면 세대가 거듭함에 따라 무슬림 인구가 증가하겠지만 이는 앞으로 시간을 두고 사회적 합의점을 찾아갈 수 있는 부분이다. 미래에 어떤 일이 발생할지 모르기 때문에 여러 각도로 가능성을 생각해보고 해법을 찾아가면 되는 것이다.

이슬람에서, 더 정확하게 《코란》에서 테러나 살인 같은 폭력 행위를 정당화하거나 장려하는 것은 사실이 아니다. 간혹 지하드(성전)라는 단어를 들면서 이슬람을 반대하거나 위해를 가하는 사람은 공격하고 심지어 살해해도 된다고 이야기하는 이들도 있지만 기본적으로 이는 맞지 않는 말이다. 《코란》은 독자가 읽고 직관적으로 이해할 수 있는 경전이 아니라 여러 법학자의 해석을 함께 반영해서 읽을 때 정확하게 이해할 수 있는 책이다. 이슬람 극단주의자의 경우 《코란》에 등장하는 구절 중 일부가 다른 문화나 종교를 향한 지하드가 가능하다고 자의적인 해석을 첨가해 주장하기도 한다.

하지만 다수의 무슬림이 이런 내용은 맞지 않다고 판단하고 있다. 나아가 정말 종교에 자신의 목적을 위해 다른 사람을 해하여도 좋다는 내용이 반영되어 있다면 지구상 인구의 4분의 1에 이르는 사람들이 1500년이 넘는 시간 동안 믿고 따르는 종교로 성장할 수 있었을까. 한 국가 속 무슬림 인구수가 일정

 타인을 기록하는 마음

비중 이상이 되면 테러가 발생한다는 이야기 역시 사실로 보기 어렵다. 물론 서구 국가에서 꾸준히 테러가 발생하고 있는 것도 사실이고 이들 사회에 무슬림 비중이 점차 증가하고 있는 것도 사실이다. 하지만 사회에서 테러를 일으키는 주체가 오직 무슬림만이라고 단정할 수 없으며 이들의 테러 활동이 모두 이슬람에 기반해 발생했다고 보기도 어렵다. 오히려 현대사회에서 발생하는 테러의 원인은 '사회 부정의'에서 기인한다고 보는 시각이 다수다. 테러를 일으키는 사람 중에 이슬람을 믿는 사람이 많은 것은 사실이고 이들을 추적·관찰하고 처벌하는 일은 반드시 진행해야 하지만 이를 바탕으로 모든 무슬림은 테러리스트라고 낙인찍는 것은 옳지 않다.

이슬람 세계 속 여성에 관해서는 정말 여러 각도에서 오랫동안 치열하게 논의되어왔다. 히잡이라고 하는 여성 복식을 제어하는 것부터 여성의 지위를 억압하는 행위라고 평가하기도 하며, 현대 유럽 사회에서 착용을 금지하거나 허락하는 내용으로 히잡 관련 논쟁은 치열한 갈등을 겪기도 했다. 특히 히잡의 경우 개인에 따라, 그리고 사회현상과 분위기, 이슈되는 사건에 따라 의견이 각양각색으로 제시되기 때문에 쉽게 일반화해서 옳고 그름을 이야기할 수 없다. 또한 여성을 대상으로 하는 할례, 명예 살인, 조혼 같은 요소들은 국제사회에서 큰 비난을 받고 있으며 이런 행위를 더 이상 하지 못하도록 많은 사람이 노력하고 있다. 모든 이슬람 사회에서 이런 문제가 벌어지는 것은 아니지만 상대적으로 이슬람 세계의 여권을 신장하기 위해 많은 사람이 노력하고 있다. 그리고 그 세계 속 사람들의 생각이 바뀌어야 하는 것은 부인할 수 없는 사실이다.

최근 한국 사회에 이슬람 관련 사회 갈등이 등장할 때마다 '타하루시'라는 단어가 등장한다. 사실 개인적으로 2018년에 언론 인터뷰를 진행하면서 "이슬람에서 정말로 타하루시를 허락하는 것인가요?"라는 질문을 처음으로 들었고 해당 단어 역시 그때 처음으로 접했다. 상당히 오랫동안 이슬람을 공부했는데도 언론에서 질문할 정도의 단어를 모르고 있었다는 사실에 적잖이 충격을 받고 서둘러 찾아본 경험이 있다.

타하루시는 2011년 아랍의 봄이 진행될 당시 흥분한 군중이 미국인 여기자를 성폭행하면서 대외적으로 알려졌다. 이집트 내에서도 심각한 사회문제로 인식하고 있으며 여성 대상의 성범죄를 지칭하는 표현으로 사용된다. 무슬림이 다수인 일부 국가에 존재하는 사회현상이며 이와 같은 행동은 위법으로 처벌된다. 다만 여성이 신고하기 어렵거나 정확한 조사가 이루어지지 않는 것 같은 사회문제는 반드시 해결해야 한다. 타하루시 현상이 이슬람 전체에 만연해 있으며 모든 무슬림 남성이 저지르는 행동이 아니라는 점이 문제다. 타하루시는 비난하고 처벌해야 하는 현상이다. 하지만 한국 사회로 무슬림이 유입될 경우 여성 대상의 무차별적 성범죄가 일어날 것이라는 일반화 역시 옳지 않다.

간혹 첨예한 대립 상황에서 "이슬람은 그렇지 않다"라고 이야기하면 이슬람을 옹호하는 사람으로 낙인찍히고 무차별 공격을 당하기도 한다. 실제로 최근 한국 사회에서 발생한 무슬림과 한국인 간 갈등 상황에서 정부 관계자가 방역 관련 업무를 하러 무슬림 공동체를 찾은 적이 있었다. 한국인이 무슬림과 소통하는 모습을 지켜본 주민 중 일부가 이들의 업무를 일일이 확인하며 무슬림과의 대화 자체를 막으려 하는 사례가 있었다. 당시 주민이 했던 말 중 하나는 "한국인이 왜 한국인 편을 들지 않고 무슬림을 위해 일하는가"였다. 공무를 집행하러 왔던 분들은 자신들의 직업에 따라 일하기 위해 공동체를 방문했다고 항변했지만 주민들은 쉽사리 화를 가라앉히지 않았다. 과연 무조건적 배척과 소외가 모든 문제의 해법이 될 수 있을까. 무시와 배제를 반복하면 언젠가 우리 사회 속 이주민을 모두 없앨 수 있을까.

차별과 편견 없는 관점과 판단을 위하여

○

이슬람 편에 서 있는 듯한 사람들이 이야기하는 것은 무조건 이슬람을 이해하고 받아들이라는 요구가 아니다. 다만 적어도 정확한 사실을 알고 모든 상황과 관계, 우리의 가치관을 더한 판단을 내릴 수 있는 단계를 밟아야 한다는 것이다. 이 과정이 없다면 우리가 가진 관점과 판단은 그저 차별과 편견 위에 세워졌다는 비판을 받을 수밖에 없기 때문이다. 왜 이슬람이 싫은가, 왜 무슬림이 무서운가, 이슬람과 무슬림에 관해 무엇을 알고 있는가, 그 지식에 오류는 없는가, 그렇다면 우리는 어떤 현실 속에 서 있는가, 우리는 이들과 떨어져서 살 수 있는가, 아니라면 우리는 어떻게 해야 하는가. 앞으로 우리 사회가 마주해야 하는 질문들이다.

사실 인간사가 늘 그렇듯이 또 다른 많은 국가와 같이 우리의 첫 단추 역시 그리 잘 끼워진 것은 아닌 듯하다. 우리가 마주하는 이슬람 세계는 두려움과 공포로 점철되었다. 수많은 이해관계와 속설, 판단이 이 감정에 엉겨 붙으며 어디에서부터 풀어내야 할지 모를 거대한 실타래가 되어버렸다. 대책 없이 툭툭 내뱉는 교과서적인 말이 아니라 앞으로 다가올 가능성이 있는 사회 갈등 상황의 실마리를 조금이라도 빨리 정확하게 풀어보

　　　타인을 기록하는 마음

고자 숨을 깊이 들이마시고 질문을 던져본다. 당신은 왜 무슬림이 무서운가?

그럼에도 사실 사람의 마음은 참 간사하다. 9·11 관련 다큐멘터리에서 생존자의 목소리를 듣거나 무너져가는 처참한 건물과 사람들의 절규를 보면 이슬람 극단주의자를 비난하고 그들의 죄를 물어야 한다는 생각이 든다. 내가 저 자리에 있다면 내가 저 광경을 직접 보았다면, 아니, 나는 그저 평범한 일상을 열심히 살아가는 한 사람이기 때문에 저런 행위를 한 사람들이 믿는다는 종교를 용서할 수 없을 것 같다는 생각도 든다. 과연 '그럼에도' 폭력은 폭력을 낳는 것일 뿐이기에 그래도 포용하고 나아가야 한다는 말을 할 수 있을까라는 생각도 머릿속을 가득 메운다. 그저 평범한 일상을 살아가던 사람들이 정말 너무나 많이 희생당했다. 죄 없이 희생당한 수많은 사람의 모습과 그들의 이야기를 접할 때면 나도 한데 동화되어 왜 이슬람을 미워하면 안 되는 것인가라는 근본적인 질문을 다시 던지게 된다.

그러다 또 어느 날이면 한국이 좋아 한국에 살고 있다는 무슬림 친구의 이야기를 듣다 마음이 아프다. ISIS가 한창일 때 단지 히잡을 쓰고 길을 걷던 것뿐이었는데 자전거를 타고 가던 남학생이 뒤를 쫓으며 "ISIS! 테러리스트!" 이렇게 소리치며 따라왔다고 한다. 두려움을 넘어 공포를 느꼈고 자신이 왜 이런 이야기를 들어야 하는지 자신의 정체성과 종교에 대한 근본적 질문을 던지게 되었다고 하는 친구의 이야기를 들었을 때 마음이 혼란스러웠다. 알지 못하는 다른 사람을 그들의 외양과 그들이 속해 있는 집단 혹은 단지 같은 믿음을 갖고 있다는 공통점만 존재하는 사람들이 행한 일 때문에 비난하고 공격할 권리가 우리에게 있는가, 왜 우리는 우리가 잘 알지 못하는 사람을 일반화하며 공격하고 내쫓으려 하는가에 대한 복잡한 감정이 마음을 채웠다.

또 "복수는 복수를 낳을 뿐이다"라는 식상한 글귀처럼 누군가는 피 끓는 마음을 껴안은 채 이 모든 일을 종결해야 하는 것이 아닐까 싶기도 했다. 그리고 사실 이미 누구의 편을 막론하고 모두의 마음에는 피 끓는 상처가 생긴 것이 아닐까 싶은 생각도 들었다. 사람의 마음은 참 간사하다. 심지어 그래도 이슬람을 공부하고 남들보다 조금 더 알고 있다는 나조차 이야기를 듣고 보는 관점과 순간순간에 따라 감정이 요동친다.

역사의 흐름 속에서 9·11은 이슬라모포비아를 역사 전면으로 가져왔고 슬픔과 분노, 원망과 복수, 두려움과 공포라는 감정을 먹고 자란 서로가 서로를 공격하고 죽이는 일은 반복되었다. 뒤이어 발생한 수많은 전쟁과 테러 속에서 이번에도 역시 평범한 사람들이었지만 단지 무슬림이고 그 땅에 살아가고 있

　타인을 기록하는 마음

었기 때문에 희생자 목록에 오르게 되었다. 이 과정에서 많은 군인이 희생당했고 마치 하나를 자르면 둘이 자라나는 히드라의 머리처럼 새로운 극단주의 단체가 나타났다. 사람들은 다시 희생당했다. 분명 다른 땅에 살고 있고 삶의 모습이 모두 다른 평범한 사람들이 '아무 이유 없다'는 '같은 이유로' 삶을 끝내야만 했다. 우리가 현재 살아가고 있는 이 역사는 영원히 끝나지 않을 것 같은 쳇바퀴의 모습으로 계속 돌고 있다.

언제든 바뀔 수 있는
가해자와 피해자

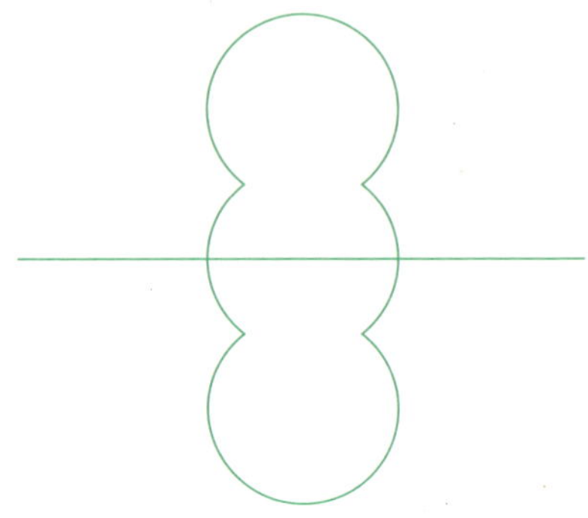

2021년, 아프가니스탄에서 미군이 철수하기 시작했다. 세계 각
국이 우려를 표했으나 미국은 철수를 강행했다. 이때쯤 가장 많
이 받은 질문은 '다른 나라들은 왜 아프가니스탄에서 미국이 철
수하는 것을 반대할까'였다. 질문에 대한 대답은 내가 아닌 일
련의 사건이 대신했다. 아프가니스탄인들에게 가장 빠르고 유
일한 탈출구가 된 카불 공항은 인근에서 발생한 ISIS-K의 폭탄
테러로 위기를 맞았다. 철수 작업 중이던 미군 13명을 포함해
170명 이상이 이 테러로 사망하고 1300명 이상이 부상당했다.
탈레반이 장악한 아프가니스탄으로 이슬람 극단주의가 모여
들고 있었다. 단순히 한 지역으로 이슬람 극단주의자와 단체가

모이는 것뿐만 아니라 무슬림이 다수가 아닌 지역 내에서 이슬람 극단주의를 신봉하는 사람들이 자행하는 테러도 발생했다. 9월 3일에는 스리랑카 국적의 이슬람 극단주의자가 뉴질랜드 오클랜드의 어느 슈퍼마켓에서 흉기를 휘둘러 6명이 다쳤다. 2015년 프랑스《샤를리 앱도》테러 사건, 11월 파리 테러 사건을 시작으로 전 세계 사람들을 두려움에 떨게 한 소프트 타깃 대상의 무차별적이고 예측 불가능한 테러가 발생한 것이다. 일련의 사건은 사람들이 우려하던 모습 그대로 진행되었고 사람들은 지난 시간을 다시금 떠올리며 불안해하기 시작했다.

흔히 이슬람과 테러(갈등이나 분쟁 수준의 일이라 할지라도)를 생각하면 "알라후 아크바르"(하나님은 위대하다)라고 외치며 폭탄을 터뜨렸다거나 사람을 참수하고 차로 돌진하는 등 무슬림이 비무슬림에게 가하는 사건을 떠올린다. 실제로 언론에 보도되고 사람들이 애도를 표하는 사건 다수가 이슬람 극단주의자들이 저지른 테러 사건이기 때문에 가해자는 무슬림, 피해자는 비무슬림이라는 공식이 어느 정도 성립되어 있다.

하지만 현실은 그렇게 단순하지 않다. 피해자는 언제나 바뀐다. 뉴질랜드 크라이스트처치에 있는 이슬람 성원에 백인 인종차별주의자가 들어와 총기를 난사하는 사건이 2019년 3월에 있었다. 이 사건으로 51명이 사망하고 40명이 다쳤다. 2021년

6월 캐나다 온타리오주에서는 길을 걷던 무슬림 일가족을 트럭으로 치어 아홉 살 소년만 살아남고 모두가 사망하는 이슬람 혐오 범죄가 발생하면서 사람들의 안타까움을 사기도 했다.

탈레반의 생각에 따르지 않는 아프가니스탄 무슬림은 무자비한 폭력에 노출되어 있었다. 여성 혼자 다닌다는 이유로 채찍질 당하고, 여자아이를 교육한다는 이유로 부모가 투옥당하기도 했다. ISIS는 무슬림이든 비무슬림이든 가리지 않고 자신들의 의견에 반하는 사람이 나타나면 살해했다. 인질을 볼모로 협상금을 얻어내기 위해 국적과 직업을 가리지 않고 외국인을 납치했다. 방해된다면 닥치는 대로 공격을 일삼았다. 어느 날은 러시아 항공기를 공격하기도 했고 또 어느 날은 미국이나 프랑스를 공격하기도 했다. 심지어 요르단 조종사를 붙잡아 화형을 가한 것도 모자라 이 모든 과정을 영상으로 제작해 남기기도 했다. 이미 ISIS에 이르러서는 절대 불변의 적도 자신들의 행동을 정당화할 논리에 맞는 명분도 남아 있지 않았다.

완벽한 안전지대는 없다

○

결과적으로 갈등과 분쟁, 테러는 무슬림이 비무슬림에게, 비무

　　　타인을 기록하는 마음

슬림이 무슬림에게 가하는 형태나 무슬림 내부에서 발생하는 형태로 다양하게 발생한다. 이슬람이기 때문에 테러를 일으키는 것이 아니라 잘못된 생각을 하는 사람들이 다른 사람을 해하는 일이 발생하고 그 과정에서 자신의 행동을 정당화하기 위한 도구로 이슬람이 사용되는 것이다. 결국 모든 피해는 평범한 일상을 살아가는 사람들이 떠안게 되었다.

우리나라에서는 사람들이 다치는 분쟁 상황이나 테러가 다행히도 아직은 발생하지 않았다. 한국 사회에 유입된 이주 무슬림을 유럽과 비교할 때 초·중기 정착 단계를 보이고 있기 때문으로 판단할 수 있다. 하지만 최근 몇 년간 다양한 형태의 갈등이 조금씩 삐져나오고 있다. 특히 우리나라에 거주하는 이주 무슬림 중에 해외 이슬람 극단주의 단체에 테러용 자금을 송금하는 사례가 잦아지고 있다. 금액은 수십만 원에서 수백만 원에 이른다. 우리가 보기에는 한 집단의 활동 자금이나 무기 구매 자금으로 보기에 많은 금액이 아닐지도 모르지만 환율 차이를 생각하면 우리나라에서 보내는 수십~수백만 원은 결코 적은 금액이 아니다. 결국 어떤 형태로든 우리나라가 테러나 국제 범죄에 이르기까지 결코 완벽한 안전지대가 아니라는 이야기다. 가랑비에 옷이 젖기 시작했는데 어느 순간 다 젖어버린 옷을 버려야 할 수도 있고 가랑비가 장대비가 될 수도 있다. 이미 우리의 옷자락은 가랑비에 젖어 들기 시작했다.

대학가에 자리한 이슬람 성원을 다시 찾아갔다. 성원을 관리하고 사람들을 이끌던 아저씨와 친분이 있었는데 미리 약속하고 성원 앞에서 만나기로 했다. 차를 주차하고 성원 앞으로 다가가 반갑게 인사를 나누었다. 근황을 이야기하려는 순간 아저씨는 나에게 다급하게 손짓하며 성원 정문 입구를 빨리 확인해보라고 했다. 살펴보니 문에는 빨간색·매직펜으로 "9·11 테러!!"가 반복해 쓰여 있었다. A4 용지에 꽉 차는 정도로 쓰인 낙서 자체는 크지 않았지만 굳이 코로나19로 인해 자체적으로 폐쇄를 결정하고 운영하지 않는 성원에 다가와 낙서한 이유를 도무지 짐작할 수 없었다. 주변에 매직펜을 구할 만한 곳도 없었기에 누군가 매직펜을 가져와 낙서하고 자리를 떴다고 볼 수밖에 없는 상황이었다. 도대체 왜 그런 행동을 한 것일까.

"우리는 테러리스트가 아니고 그저 한국이 좋아서 한국에서 공부하려고 이곳에서 살고 있을 뿐인데 왜 우리에게 이런 말을 하느냐"라고 아저씨가 되물었다. 아무리 생각해보아도 나조차 이유를 알 수 없었기에 어떻게 대답해야 할지 몰랐다. 함께 간 분들과 낙서와 관련해 이야기 나누기 시작했다. 동네 어린 학생들이 장난친 것이 아닐까 하는 의견도 나왔지만 요즘 어린 학생들은 9·11보다 ISIS를 더 잘 알고 있을 것이라며 어

　타인을 기록하는 마음

느 정도 나이가 있는 사람의 의도적 행동이 아니겠냐는 의견이 나왔다.

해당 모스크를 출입하고 있는 무슬림들에게 의견을 물었다. 낙서를 발견하자마자 무슬림들은 뉴질랜드 크라이스트처치에서 발생한 성원 테러 사건을 떠올리며 두려움을 갖게 되었다고 이야기했다. 특히 누군가 자신들을 보고 있고 다른 나라에서 발생한 테러 사건과 자신들을 연결함에 두려움을 느낀다고 했다. 왜 경찰에 신고하지 않았는지 물으니 "말이 통하지 않을 것 같아 신고하지 않았고 설령 신고한다 한들 상황이 변할 것 같지 않았기 때문"이라고 대답했다. 뒤늦게 함께 경찰에 신고했지만 역시나 누가 어떠한 의도로 낙서했는지 찾아낼 수는 없었다. 오히려 CCTV에서 수상한 사람 같다고 지목된 사람은 코로나19 시국에 관내 종교 시설을 살펴보고 관련 사항을 안내하러 찾아온 경관으로 확인되는 웃지 못할 상황도 있었다.

서로 보이지 않는 채로 무슬림이 모이는 장소에서 아무도 모르게 진행되던 갈등은 실질적 충돌이 진행되고 있는 경북대 앞 모스크 건설 현장에서 더 가시화되어 나타났다. 실제로 무슬림들은 길을 걷던 중에 욕을 들어야 했고 주변 학교에 다니던 무슬림 아이들은 놀림과 괴롭힘을 당하는 상황이었다. 무슬림들이 거주하는 곳에는 지역을 떠나라는 내용이 가득 적힌 종이가 밤사이 붙기도 했다. 일련의 상황으로 인해 한국을 떠나기로 하고 실제로 비행기에 오르는 사람들도 있었다. 사람들 간 갈등은 점점 더 격화되었고 다양한 형태의 괴롭힘과 충돌 양상을 보이기 시작했다.

이유 없는 비난과 차별 지양하기

○

그렇다고 해서 우리 사회에서 무슬림은 영원한 약자이고 언제나 피해자인가라고 묻는다면 '아니다'라고 단호하게 대답할 수 있다. 실제로 이슬람 세계와 관련해 중동이나 유럽에서 무슬림에 관한 큰 사건이 발생할 때마다 우리나라에 거주하는 무슬림 사회 역시 영향을 받는다. 사회에서 발생하는 다양한 일에 의견을 내놓고 때로는 공감하기도 하고 함께 분노하기도 하며 찬성과 반대 의견을 내놓는 것은 무슬림이라고 다르지 않다.

2020년 말 프랑스에서 다시 이슬람 극단주의자가 자행한 테러 사건이 발생했다. 이슬람 극단주의자를 색출하고 처벌을 강화해야 한다는 마크롱 대통령의 발언이 나오자 무슬림 사회는 다시 술렁이기 시작했다. 모든 무슬림을 극단주의자로 간주하는 것이라는 여론이 형성되자 무슬림들은 프랑스에 대한 비판을 시작했다. 지금까지 국제사회에서 다양한 분쟁이 발생했을 때 한국 사회에서는 집회가 진행되는 수준의 무슬림 활동이 전부였다면 2020년 말에는 조금 다른 양상이 벌어졌다. 주한 프랑스 대사관 외벽에 마크롱 대통령과 프랑스를 규탄하는 전단이 부착된 것이었다. 해당 전단을 부착한 중앙아시아 출신 무슬림은 검거되었지만 이들이 검거되기 전까지 프랑스 대사관 내 근무자들과 이 사건을 바라보는 사람들은 혹시나 우리 사회에서도 이슬람과 관련한 폭력 사건이 발생하는 것이 아닐까 하는 두려움을 느낄 수밖에 없었다. 또한 테러방지법이 시행된 이후로는 테러와 연관성 있는 외국인이 한국에서 활동하는 경우 처벌하거나 추방하는 일들이 유관 기관의 노력을 통해 지속적으로 이루어지고 있다. 지금까지 한 번도 종교에 따른 폭력적 사건이 발생하지 않았지만 앞으로 우리나라에서 테러 사건은 절대로 발생하지 않을 것이라는 호언장담 역시 그 누구도 할 수 없는 상황이다.

　우리나라에 거주하고 있는 무슬림들은 이슬람이라는 공통된 종교를 갖고 함께 어울리지만 사실 다양한 국적과 언어, 문화와 관습을 가지고 있다. 사람들이 모이면 으레 마찰과 갈등이 발생하는 것은 무슬림 사회도 다르지 않다. 무슬림 공동체에서도 다양한 유형의 갈등이 발생할 수 있으며 이와 같은 갈등이 언제든 우리 사회의 문제로 확장될 수 있다.

결국은 '나는 너희들이 싫다'는 것이다. 이 말의 주어와 목적어는 언제든 바뀔 수 있다. 개개인의 관계 속에서 특정한 계기로 누군가를 싫어하게 되는 것은 살아가면서 누구나 경험하는 당연한 감정이다. 반면 이슬람 관련 갈등은 '너희들이 싫다' '너희들은 사람을 죽이는 테러리스트다' '너희는 무서운 사람들이다' '너희들은 왜 우리를 이유도 없이 배척하느냐' '너희는 우리를 차별하고 있다'처럼 정확한 대상이 없는 상태에서 그동안 만들어지고 고착된 이미지를 바탕으로 서로를 비난하는 상황에 이르렀다. 실제로 수없이 진행한 한국인 인터뷰 과정에서 '그냥 무슬림은 다 싫다, 무섭다'라는 이야기를 반복적으로 들을 수 있었고 무슬림 인터뷰 과정에서도 '우리를 보는 한국인 시각이 싫다, 무섭다'라는 이야기를 들을 수 있었다.

우리는 왜 이런 감정 속에 서 있게 된 것일까. 왜 이 땅에 함께 살아가고 있는데도 서로를 바라볼 때 싫다는 감정을 기본적으로 가진 채 바라보는 것일까. 왜 서로를 보듬고 사랑하라는 종교가 가진 가장 보편적이고 기본이 되는 마음을 가진 채 서로를 미워하며 바라보는 상황에 이른 것일까. 물론 싫어한다는 감정 자체가 잘못된 것은 아닐 것이다. 개인 차원으로 보면 누구나 사회에서 사람들과 관계 맺는 과정을 겪으며 싫어하거나 미워하는 존재가 생길 수 있다. 개인 차원의 갈등이라면 오히려 해법이 존재한다. 과정이 힘들 수도 있고 어려움이 존재할 수도 있다.

하지만 적어도 싫어한다는 감정의 주체와 객체가 분명히 존재한다. 다만 이런 싫음과 미움의 감정이 사회로 확장되면 이야기는 달라진다. 싫다는 감정의 대상은 개개인이 아닌 무형의 어떤 것이 된다. 뚜렷한 주체를 정확하게 구분할 수 없다. 또 이 감정이 어디서부터 왔는지 어떤 과정으로 나타난 것인지도 찾아내기 어렵다. 다시 말해 해결 방법을 찾을 길이 없다는 것이다. 사람들은 감정을 공유하고 표출하지만 정작 이 문제를 해결할 주체가 누구인지는 정확하게 지목할 수 없다. 기존 감정의 대상보다 더 약하거나 더 싫어하게 되는 대상이 나타나면 그때서야 그 감정이 사라질 가능성이 보일 것이다. 우리 사회에서 미움의 대상은 여러 차례 변화해왔다. 최근 상황을 살펴보면 아마도 이 화살의 끝은 이주민과 이주 무슬림을 향하고 있는 듯하다. 과연 이 상황의 시작은 누구일까. 누가 가해자이고 누가 피해자일까.

무슬림 2세대로
살아간다는 것

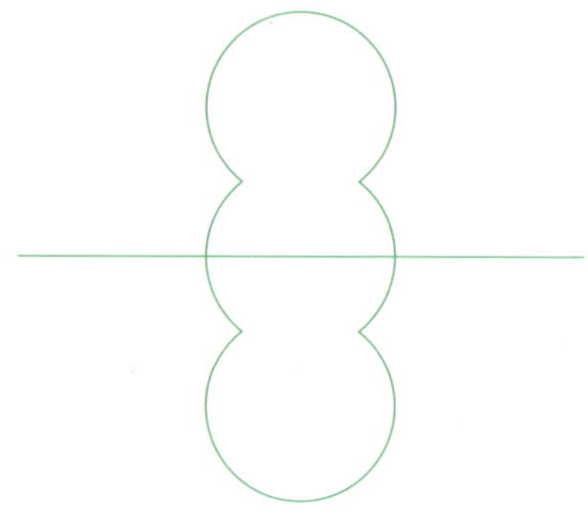

사실 이주 무슬림, 특히 노동자에 집중하다 보면 놓치게 되는 부분이 있다. 바로 2세대다. 이주 무슬림 2세대이든 국제결혼을 통해 태어난 2세대이든 혹은 개종한 한국인 무슬림 2세대이든 다양한 배경을 가진 무슬림 2세대가 있다. 2세대와 관련한 잠재적 갈등과 문제는 놀랍게도 시간 흐름에 따라 군대 내에서 발생 가능한 문제로 연결되고 또다시 우리 사회 전반의 문제로 확장된다.

한국에서 거주하고 있는 시아파 무슬림 공동체를 방문해서 다양한 사람들과 이야기 나눈 적이 있다. 그중에는 한국인 어머니와 다른 국가 출신의 무슬림 아버지를 둔 학생이 있었다.

학생과 이런저런 이야기를 나누게 되었다. 그는 현재 한국 내 어느 국제 학교에 재학 중이었고 대입을 준비하고 있었다. 평소 학교에 다닐 때는 자신 역시 무슬림이라는 사실을 구태여 드러내지 않는 상황이었다. 겉모습을 보았을 때는 이 학생이 무슬림이라는 사실은 인지할 수 없었고 다만 한국인이라고 하기에는 어딘지 낯설고 다문화 가정 2세라고 추측할 수 있는 외양을 하고 있을 뿐이었다. 대화를 나누다 보니 스스로의 정체성을 무슬림에 가장 먼저 두기보다는 한국인에 더 강하게 두고 있었다. 가족이 무슬림이기 때문에 자신 역시 무슬림이고 자신의 종교 역시 이슬람이지만 그저 종교일 뿐 사람들이 흔히 생각하는 것처럼 이슬람을 맹목적으로 따르는 것은 아니라 했다. 한국에서 살아가면서 가장 어려운 것이 무엇인지 물었다. 그랬더니 얼굴을 보지 않고 대화를 나눈다면 한 치도 의심할 수 없는 한국인 그대로의 한국어로 대답했다.

"한국에서는 나를 완전한 한국인이 아닌 외국인으로 바라보고, 아버지의 나라에 가면 나는 또 한국에서 온 이방인이라고 합니다. 그러면 나는 대체 누구인가요?"

물론 개인이 감당해야 하는 정체성의 혼란일지도 모른다. 하지만 사회 내에서 해결하지 못하는 혼란이 쌓이면 결국 우리 사회의 부담으로 돌아오게 된다. 자신의 겉모습이 다수의 한국인과 다를 뿐이고 그 외에는 다른 아이들과 같은 교육을 받고 같은 문화를 영위하며 같은 언어를 사용하고 같은 추억을 가진 아이들이 어느 순간이 되면 겪게 되는, 사회의 보이지 않는 벽에 부딪힌다. 그렇게 벽에 부딪힌 자리는 사라지지 않은 채 케케묵어가는 먼지처럼 쌓이게 되는 것이다. 어느 순간이 되면 쌓인 먼지가 뿌옇게 들고 일어나 다시 우리를 향해 번져올지도 모르는 일이다. 한 번쯤은 생각해보았을 만한 질문을 던져보려 한다. 당신이 생각하는 '한국인'은 누구인가.

나는 누구인가에 대한 고민

○

몇 해 전, 언론에 파키스탄 출신 가족의 이야기가 방영되었다. 한국으로 이주한 부모를 따라 한국 사회에서 성장한 아이들 이야기였다. 문제는, 부모가 합법적 지위로 한국에 거주했던 것이 아니었기 때문에 아이들이 한국 사회에서 교육받았지만 결국 파키스탄으로 돌아갈 수밖에 없었다는 점이었다. 파키스탄에서 사용하는 언어를 부모의 도움으로 어느 정도는 할 수 있었지만 사실상 한국어로 하는 의사소통이 더욱 편한 상태였다. 사고방식과 세상을 바라보는 시각 역시 한국에서 교육받은 탓에 파키스탄인이라기보다는 한국인에 더 가까웠다. 종교 정체성의 경우도 이슬람에 깊이 심취해 있다기보다는 한국 사회에서 일반적으로 이야기하는 수준을 보였다. 이런 정서적 배경을 가진 채 파키스탄으로 돌아가게 되자 파키스탄 사회에 적응하며 삶을 유지하는 것은 무척이나 어려운 상황이었다.

물론 가장 근본적인 문제는 그들의 부모가 한국 사회에 합법적으로 거주하지 않았다는 것이다. 합법적인 방법을 통하지 않았기 때문에 신분은 불안정했을 것이고 결과적으로 아이들마저 어떤 사회에도 속하지 못하는 결과를 낳았을 것이다. 그렇다면 그 아이들은 어느 나라 사람이라고 해야 할까. 사법 체계의 답은 명확하다. 파키스탄 사람이다. 그렇다면 그들의 삶 속에 한국은 어떤 모습일까.

당연히, 수많은 사람이 더 나은 우리를 위해 노력하고 있다. 다양한 의견이 남아 있기는 하지만 다문화라는 개념이 확립되면서 여러 배경을 가진 학생들을 위한 교육이 시도되고 있다. 물론 모든 일에는 명암이 존재하기에 다문화 관련 정책과 사업은 여러 효과와 반작용을 낳고 있다. 국내에 존재하는 다문화 가정은 보통 결혼 이주 여성의 자녀들을 중심으로 형성되었다. 다양한 유형의 다문화 가족과 자녀 중에서도 이슬람을 종교로 가진 무슬림은 소수 중의 소수로 꼽힌다.

대구에 있는 어느 초등학교를 방문했다가 교장 및 교감 선생님과 인터뷰를 진행한 적이 있었다. 다문화 중심 학교로 선정되어 다문화 가정 아이들에게 우리 정부가 계획하고 제공하는 양질의 교육을 진행하는 학교였다. 여러 다문화 가정 학생들이 재학 중이었고 그중에는 파키스탄 출신의 다문화 가정 아이들이 7명 정도 있었다. 실제로 교육 현장에서 겪고 있는 어려움은 격정적이었고 엄청난 문화 충돌에서 기인했다기보다는 생활 밀착형 문제에 가까웠다.

학부모 상담 기간이 되면 무슬림 여성들이 자녀 교육 상담을 위해 이슬람식 복식인 아바야Abaya를 입고 온다 했다. 외적 모습에서 느껴지는 분위기에 당황스러운 상황 속에서 실제로 언어가 서로 잘 통하지 않아 의사소통에 어려움이 많았다. 아이들 역시 가정 내 언어와 학교생활 중에 사용하는 언어에 괴리가 생기면서 학습 과정을 따라가지 못하거나 학습 분위기에 영향을 미치게 되는 결과를 낳았다. 무슬림 학생들에게 먼저 다가가며 소통하려고 시도하는 선생님도 있었지만 종교에 대해 민감한 부분을 묻거나 아이들이 판단하거나 이해하기 힘든 세상의 시각을 그대로 투영해 물어보는 선생님도 있었다. 이런 경우에는 아이들이 마음의 문을 닫고 더욱더 겉돌게 되는 결과를 가져왔다.

 타인을 기록하는 마음

가장 큰 문제는 급식이었다. 급식 문제의 경우 비단 대구뿐만 아니라 다른 지역에서도 문젯거리가 되어 기사화된 사례가 있었다. 한국에서 아이들의 급식은 무상으로 제공된다. 다만 종교로 인해 무슬림 아이들은 돼지고기를 먹을 수 없다는 점이 문제였다. 무슬림 자녀를 둔 부모들은 무상 제공되는 급식인 만큼 돼지고기를 먹을 수 없는 아이들을 위한 대체식이 제공되어야 한다고 주장했다. 이슬람과 전혀 관계없는 가정에서는 소수의 아이를 위해 음식을 따로 제공하는 것은 대다수 아이에게 제공되는 음식 재료의 양을 줄이게 되는 것이며 아이들의 형평성에도 문제가 생긴다고 판단해 음식을 별도로 제공하는 것에 반대했다. 양측 모두의 말에 일리가 있고 각각의 입장도 충분히 이해되는 상황이었다. 학교 측에서는 돼지고기가 나오는 날을 미리 안내해서 도시락을 싸 오도록 유도하거나 빵 같은 다른 음식을 제공하겠다고 해결책을 내놓았다.

하지만 무슬림 입장에서는 도시락을 싸야 하는 것 자체를 받아들이지 않았기 때문에 하루아침에 명쾌하게 끝날 수 있는 갈등은 아니었다. 더구나 급식 관련 문제가 시작되었을 당시 일선의 선생님들은 왜 무슬림이 돼지고기를 먹으면 안 되는지, 다른 대안은 없는지와 같은 이슬람 관련 기본 정보와 지식을 알지 못하는 상황이었기 때문에 해결책을 쉽게 찾아내지 못하고 갈등이 반복되는 모습을 보였다. 다문화 가정 아이들을 교육하는 교육자를 대상으로 다양한 프로그램이 진행되고 있었다. 하지만 다문화 가정을 더욱 세분화해서 접근하고 지원해야 하는 부분과 다문화 가정이 받아들이고 수용해야 하는 부분이 명확하게 정립되지 않은 채 교육 현장에서 유동적으로 해결하는 불안정한 상황이 반복되고 있었다.

개인의 문제에서 사회적 문제로

○

이런 생활에서 부딪치는 문제들은 시간이 지나 이 아이들이 한국 국적을 갖고 군에 입대하는 시기가 오면 더욱 선명하게 드러날 것이다. 이미 젊은 청년 무슬림들이 군에 입대하기 시작하고 있고 군대 내에서도 앞으로 증가할 수밖에 없는 무슬림 군 장병을 어떻게 대우하고 처우를 개선해야 할지 많은 이야기가 나오고 있다. 최근에는 군에서 채식주의자를 위한 식단을 제공하며, 이런 식단이 무슬림들도 조금 더 편히 먹을 수 있는 대안이 될 수 있을 것이라며 발표한 바 있다.

사관생도를 교육할 당시 임관을 준비하는 예비 장교들도 자신의 부대에 무슬림이 소대원으로 들어온다면 어떻게 해야 할지에 대해서 치열하게 토론을 진행한 적이 있었다. 자신을 강조하고 드러내는 곳이 아니라 단체의 구성원으로 맞추어 생활해야 하는 군이라는 집단에서 종교라는 특수성과 그로 인해 파생되는 여러 갈등을 어디까지 수용할 것인지가 쟁점이었다. 또한 무슬림과 비무슬림이 서로 이해하고 받아들이고 양보해야 하는 부분은 무엇인지가 화두에 올랐다. 결과적으로, 치열한 토론 과정과 시스템 확립이 필요하다는 결론을 내렸고 이견은 없었다. 이는 누구 하나의 절대적 희생으로 이루어지는 일이 아니다. 무슬림이든 비무슬림이든 자신이 양보할 수 있는 범주 안에서 서로 맞추어 나가야 한다. 일이 벌어지고 난 뒤 해결하는 것은 이미 늦다. 소를 잃기 전에 외양간을 고쳐야 한다.

2021년, 아프가니스탄 내 탈레반 재등장과 함께 390명의 아프가니스탄인이 특별기여자 신분으로 한국 땅을 밟았다. 사실 이들의 수용 여부 찬반 논란이 거세게 불붙기도 전에 아프가니스탄 내 상황이 워낙 급박하게 돌아가면서 우리나라에 조력한 아프가니스탄인을 수송하게 되었다. 공항에 도착한 사람들의 모습은 놀람과 충격, 신선함과 감정적 동조를 불러일으켰다. 우리 법무부에서 선물한 인형을 꼭 끌어안은 채로 정말 많은 아이가 부모님을 따라 한국으로 들어온 것이었다. 급박하게 돌아가는 생사의 갈림길에서 바깥세상이 돌아가는 모습을 정확하게 알지 못한 채 부모님의 손을 꼭 잡고 비행기 의자에 앉았을 아이들의 마음을 생각하니 어딘지 모르게 가슴 한쪽이 아팠다. 아이들의 두 손을 꼭 잡고 비행기에 몸을 싣고 나서야 부모들은 안도의 한숨을 내쉬었으리라. 이들 역시 앞으로 우리 사회에서 살아가고 교육받으며 성장할 것이다. 우리 사회에 자리 잡고 살아가는 많은 2세대들은 우리 사회를 위한 소중한 사람이 될 수도 있고 나아가 세계 속의 멋진 인재가 될 수도 있다. 물론 그다지 좋지 않은 결말을 맞을 수도 있다. 모든 것은 우리가 앞으로 얼마나 많은 계획을 세우고 미래를 대비하며 사회적 시스템을 촘촘하게 만드는가에 달려 있을 것이다.

오랫동안 함께 이슬람을 공부하고 있는 동료 연구자가 아프가니스탄 난민 관련 이야기를 나누며 한마디 말을 남겼다. 최근 들었던 그 어떤 말보다 가슴속 깊이 울림을 준 말이었다.

"공항에 발을 내디딘 아프가니스탄 아이들을 보면서 저 아이들이 바로 아프가니스탄의 미래라는 생각이 들었어요."

 타인을 기록하는 마음

당신은 어느 나라
사람인가요

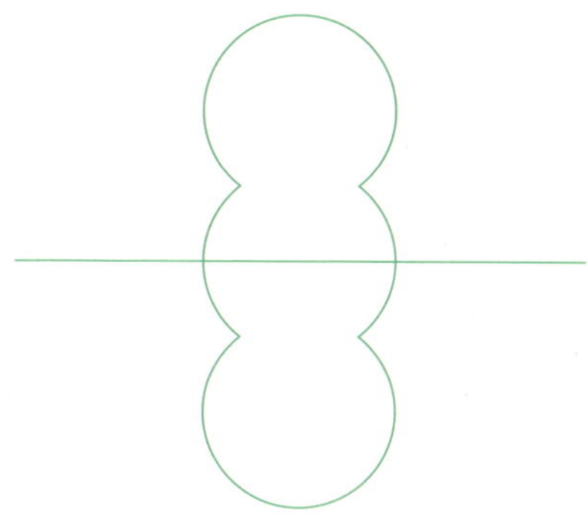

한국 사회 속 무슬림의 생활상을 살펴보면 재미있는 사실 하나가 눈에 띈다. 인도네시아 출신 무슬림과 우즈베키스탄 출신 무슬림 수는 엇비슷하지만 이들이 만들고 운영하는 성원과 예배소 수는 엄청난 차이를 보인다는 점이다. 인도네시아인이 주축으로 운영하는 소규모 예배소와 성원은 80곳을 넘는 수준이지만 우즈베키스탄 사람들이 주축인 종교 시설은 손가락에 꼽을 정도다.

이유는 여러 각도로 해석할 수 있다. 우즈베키스탄을 포함하는 중앙아시아 국가의 경우 이슬람 종교성을 겉으로 드러내는 행위 자체가 이슬람에 상당히 빠져 있음을 의미하고, 이슬람

근본주의자나 심지어 극단주의자로도 오해받을 수 있는 사회적 분위기가 형성되어 있다. 이런 까닭에 자신의 종교성을 그다지 밖으로 드러내지 않는다. 또한 중앙아시아의 무슬림은 이슬람 세계에서도 '세속화된 이슬람'이라고 불릴 만큼 전통적 방식의 이슬람을 따르기보다는 개인의 믿음과 실천을 더 강조하기 때문에 굳이 사람들을 모아가면서 종교 생활을 지속할 필요성을 못 느낀다.

반면 인도네시아의 경우 현지에서도 종교 활동이 굉장히 활발하며 종교 시설 자체가 인도네시아 사람들이 한데 모이고 의지하는 생활을 할 수 있는 공간으로 인식되다 보니 다른 국가 출신 무슬림보다 더 많은 종교 시설을 운영하게 되었다. 또한 인도네시아 무슬림의 경우 자신의 수입 중 일부를 종교 구빈세인 자카트Zakat로 지출하는 점에서 다른 무슬림보다 조금 더 활발하고 모금 부분에서도 다른 사람들보다 그 규모가 크다고 평가받았다. 그래서 움직일 수 있는 자본을 모으고 활용하기가 조금 더 쉽다 보니 그만큼 더 많은 공동체 활동이 가능하다는 것이다. 물론 한국 사회 내 무슬림의 종교 활동을 무 자르듯 단호하게 분류하고 획일화할 수 없다. 결국은 사람이 주체가 되어 진행하는 일이다 보니 정말 다양한 입장과 이야기가 존재한다.

 타인을 기록하는 마음

한국인이 외국인을 바라보는 관점

인터뷰를 진행하고 그동안 발표되었던 이전 학자들의 연구를 정리하다 보니 무슬림이 자신의 종교성을 드러내거나 드러내지 않는 점에 있어서 굉장히 재미있는 요소 하나를 추가할 수 있었다. 외국인을 보는 한국인의 관점이었다. 우즈베키스탄 사람의 경우 겉으로 보면 우리가 흔히 무슬림이라고 했을 때 머릿속에 떠오르는 이미지와 조금은 다른 모습이다. 이유는 알 수 없지만 실제로 우리가 외국인을 보았을 때 한국인이나 중국인, 일본인은 자연스럽게 구분해낼 수 있다. 하지만 서양 사람들의 국적은 잘 구분하지 못한다. 이는 서양 사람들도 마찬가지인데 서양 사람들의 국적은 구분하면서 아시아 사람들의 국적은 쉽게 구분하지 못한다.

나는 학부 시절 멕시코 출신 교수 부부에게 스페인어를 배웠다. 오랜 시간 동안 두 분께 수업을 듣고 개인적으로 친하게 지냈기 때문에 내 눈에는 두 분이 영락없는 멕시코인처럼 보였다. 하지만 실제로 두 분이 경험하는 일은 사뭇 달랐다. 길거리를 걷거나 국적을 이야기해야 할 때 자신들을 보면서 가장 많이 나오는 국가의 이름이 요르단이라는 것이었다. 두 분은 정말 의아하다는 표정을 지으면서 "네가 아랍어과 학생이니 한번 말해봐"라고, "우리가 정말 아랍 사람처럼 생겼니?"라고 나에게 질문했고 우리는 이에 대한 이런저런 이야기를 웃으며 한 적이 있었다. 이처럼 우즈베키스탄에서 온 사람들의 경우 한국 사회에서 흔히 서양, 즉 유럽이나 북미 출신의 백인 계열 외국인으로 여겨지는 경우가 많다 했다. 실제로 자신들의 종교를 먼저 나서서 밝히거나 티 내지 않는 한 자신들이 영어를 사용할 줄 아는 서양 어딘가에서 온 외국인으로 생각하고 사람들이 응대한다는 것이었다. 인터뷰 과정에서 무슬림이라 밝히는 것보다 아무 말도 하지 않는 것이 한국에서 생활하는 데 더 편하게 느껴지기에 굳이 자신의 종교를 밝히고 싶지 않다고 이야기하는 경우가 종종 있었다.

인도네시아 출신 무슬림의 사례는 조금 달랐다. 종교를 밝히는 것과 관계없이 어딘지 모르게 한국 사회에서 조금은 무시당하고 소외된 외국인, 한국에 일하러 온 노동자라는 시선이 가장 먼저 자신들의 피부에 와닿는 시선이었다. 굳이 자신들의 종교를 숨기든 숨기지 않든 삶에 큰 변화가 없다는 것이었다.

코로나19가 발생한 이후 미국을 비롯한 유럽 등 여러 나라에서 아시아인을 향한 인종차별과 혐오가 수면 위로 올라왔다. 동영상으로 촬영해서 온라인을 타고 급속도로 번지는 영상 속 모습은 충격 그 자체로 다가왔다. 코로나19 상황이 진정되어도 미국이나 유럽은 향후 10년은 갈 수 없을 것 같다는 이야기를 우스갯소리로 나눌 정도였다. 혹자는 원래부터 존재하던 아시아인을 향한 차별과 혐오가 코로나19라는 계기를 통해 수면 위로 확 올라온 것이라고 평가하기도 했다.

　우리 사회의 차별과 혐오를 조망하는 목소리도 나오기 시작했다. 인종차별이나 혐오라는 단어 자체는 우리 사회가 적극적으로 사용하는 단어가 아니었고 어딘지 모르게 모두가 알고는 있지만 쉽게 입 밖으로 꺼내지 못하는 그런 것처럼 여겨졌다. 실제로 무슬림을 비난하면서 "나는 인종차별을 하는 그런 사람은 아니지만 무슬림은 우리나라에 맞는 사람이 아니야. 재네들이 한번 살다 나간 집은 더럽고 냄새나서 살 수가 없어. 재네는 그런 애들이야. 차별이 아니라 그냥 사실이야"라고 쏟아내는 말을 듣고 엄청난 감정적 혼란을 경험한 적도 있었다. 우리는 우리 사회 속 외국인을 어떤 안경을 통해 바라보고 있는 것일까.

차별과 혐오는 끊임없이 지속되고 있다

○

스페인에서 연수하던 중 옆 방에 살던 언니가 하루 전 카페에서 만난 스위스 출신 남성이 차를 마시자 했다며 같이 나가자고 한 적이 있었다. 국제기구에서 일한다던 남성은 다양한 사람들과 만나 이런저런 이야기를 나누고 친구가 되고 싶다며 같이 한번 만나보자 했다. 딱히 해야 할 일도 없는 상황이어서 쫄래쫄래 언니를 따라가 함께 자리에 앉았다. 이런저런 이야기를 나누고 제법 나쁘지 않은 대화 시간을 갖던 중이었다. 나라마다 다른 다양한 문화 이야기를 하다가 갑자기 동아시아 여성들의 성적 관념으로 대화 주제가 넘어갔다. 그 사람의 이야기인즉, 자신이 만난 동아시아 여성들은 서양 남성이 유혹하거나 연애를 빌미로 다가가면 쉽게 잠자리를 갖고 만남을 지속했다는 것이었다.

다른 사람들이 어떤 관념과 정체성을 갖고 살아가든지 그것은 철저하게 개인의 영역이기 때문에 굳이 내가 관여할 필요도 평가할 필요도 없다고 생각하던 나였는데도 그 남성의 이야기에는 기가 차기 시작했다. 자신의 우수한 연애 전적을 자랑이라도 하듯 떠들기 시작하는 말을 끊고 도대체 어떤 여성이 그렇게 행동했느냐고, 무엇보다도 사람과 사람의 관계를 이야기하면서 동양 여성과 서양 남성이라는 단어를 사용하는 것 자체에 문제가 있다는 생각은 하지 않느냐며 따져 묻기 시작했다.

조곤조곤 시작한 말씨름은 조금씩 강도가 세지기 시작했

 타인을 기록하는 마음

다. 스위스 남성은 짐짓 당황한 듯 동양 여성은 다 똑같은 것 아니냐고, 서양 남성이라면 누구든 좋은 것 아니냐며 선을 넘는 말을 쏟아내기 시작했다. 내가 이겨야만 오늘 두 발을 뻗고 잠잘 수 있겠다는 생각이 드는 상황이 되었다. 남성의 말을 받아치던 나는 지금 당신이 하는 말은 지극히 인종차별적인 발언이고 개인의 경험을 그렇게 전체로 확대해서 말해서는 안 되는 것이라며 목소리를 높였다. 인종차별이라는 단어가 나오자 남성은 얼굴이 붉어지며 손사래 치기 시작했다. 자기는 절대로 인종차별주의자가 아니라며 자기만큼 다른 나라의 문화에 열려있고 모두를 끌어안는 사람은 없다고 했다. 그러고는 안면 가득 비웃음과 웃음 사이에 있는 미소를 지으며 나에게 물었다.

"그러는 너는 인종차별주의자니?"

의도가 너무나 명확하게 다가왔다. 역설적으로 동양인인 네가 인종차별이라는 것을 할 수는 있겠냐는 의도가 포함된 몸짓과 말투, 표정이었다. 나는 무슨 용기였는지 이렇게 당당하게 말했다.

"응, 나는 인종차별주의자야. 근데 나는 '인종'을 차별하는 것이 아니야. 당신 같은 사람을 차별하는 거야. 당신같이 본인이 가장 최고인 줄 아는 멍청한(사실 조금 더 센 단어였던 것 같다) 사람을 싫어해. 아주 많이."

사실 그 순간을 상기해보면 속으로는 상당히 겁이 났던 것 같다. 그래도 어찌 되었든 밝은 대낮 시내 한복판 자주 가던 카페였고 옆에는 언니도 있었겠다, 어딘지 지금 이런 대우를 당하고는 속이 부글거려 참을 수 없겠다는 혈기 왕성함이 겁을 앞질렀던 듯하다. 그리고 놀랍게도 그 어느 때보다 자연스럽고 완벽하게 외국어를 구사하던 순간이 바로 그 순간이었다(외국어 관련 학과에 전설처럼 내려오던, 화가 나거나 술에 취하면 외국어를 완벽하게 할 수 있게 된다던 바로 그 순간을 경험했다). 내 말을 들은 남성은 얼빠진 듯한 표정을 지으며 말을 잇지 못했다. 이겼다! 어딘지 모르는 흡족함을 마음 가득 안고 언니와 함께 자리를 박차고 나왔다.

이 일이야 직접적으로 입씨름을 하며 논쟁했기에 머릿속에 너무나 깊게 각인된 일이었고 사실 해외에 체류하는 길지 않은 시간 동안 셀 수도 없이 많은 차별을 당하고 마음을 다치고 분노했다. 당연한 일이지만 한국으로 돌아와 다시 나의 조국, 나의 땅에서 생활한 이후 이런 경험은 거의 없다. 오히려 선배와 집으로 돌아가는 지하철 안에서 술 취한 아저씨들한테 희롱당하는 외국인 커플을 마주한 순간이 있었다. 또 한국에 사는 외국인 친구들이 길거리에서 들은 온갖 이야기와 차별을 들으며 오히려 내가 미안하다는 말을 건넨 것이 다였다.

이슬람 사회 역시 다른 인종, 다른 종교, 다른 문화를 가진 사람을 차별하고 혐오하기도 하고 물리적 행동을 가하기도 한다. 중동 국가의 길거리를 걸을 때면 이상한 소리를 내는 사람들을 만나고 주체할 수 없는 분노와 화로 인해 하루를 망치기도 한다. 콥트 기독교인 다수가 사는 이집트의 경우 기독교인을 차별하고 이들을 괴롭히는 행동들이 사회문제로 확대되기도 한다. 개개인에게 물어보면 자신의 경험을 이야기하면서 무슬림과 기독교인 모두가 행복하게 살아가고 있다고 이야기하지만 실제 사회 속에서 벌어지는 이야기는 이와 다르다. 지금 우리가 발을 딛고 사는 공간이 한국이고 다수의 사람이 한국인이기 때문에 이 책을 통해 이주민과 이주 무슬림, 그 속에 발생하는 갈등과 해결 방안을 이야기하려는 것이지만 실제 우리가 사는 곳을 옮긴다면 그 기간이 얼마가 되든지 간에 우리의 입장과 삶의 모습은 변하게 된다.

지역과 국가를 막론하고 차별과 혐오는 우리의 삶을 관통하는 키워드가 되었다. 정말 오랫동안 평등을 이야기했지만 불평등한 생각이 아직도 존재하고 사람들은 이에 맞서 싸우고 있다. 특히 최근 몇 년간은 흑인을 향한 차별부터 아시아인을 향한 차별에 이르기까지 주체와 대상만 변할 뿐 전혀 달라지지 않은 모습이 반복되고 있다. 결국 차별과 혐오는 피해자와 가해자가 정해진 행위가 아니라, 힘을 가지고 우월성을 느끼는 사람들과 사회적 약자의 이야기다.

　이방인이라는 단어는 참 신기하다. 나라는 존재는 어디에 서 있든지 그대로의 나인데 서 있는 위치에 따라 철저한 이방인이 되기도 하고 이방인 곁에 서 있는 사람이 되기도 한다. 때로는 이방인을 밀어내는 다수가 되어 있다. 이방인이기도 했었고 이방인 곁에 서 있어보기도 한 나에게 가장 고민스러운 부분이 있다. 유창한 영어를 구사하는 피부가 하얀 이방인과, 잘 모르지만 무서운 종교를 믿으며 낯선 언어를 구사하는 이방인을 과연 우리는 같은 시각으로 보고 있는가. 우리가 쓰고 있는 안경은 어떤 색으로 다른 사람을 보게 하며 우리는 왜 그런 색을 선택했는가. 우리는 지금도 답을 찾고 있다.

일희일비

2021년 5월 이스라엘과 팔레스타인 간 분쟁이 다시 격화되었다. 이스라엘 최고법원이 동예루살렘에 있던 팔레스타인 6가구를 퇴출하기로 하자 이에 대한 팔레스타인의 시위가 발생하면서 분쟁이 시작되었다. 이스라엘 경찰은 시위대를 제압하기 위한 목적으로 알 아끄사Al-Aqsa 성원 주변을 최루탄과 섬광탄 등을 이용해 장악했다. 이때 본격적으로 갈등이 격화되었다. 가자 지구의 하마스Hamas(이슬람 저항 운동 단체이자 정당)는 이스라엘이 알 아끄사 성원 주변에서 철수할 것을 요구했으나 이스라엘은 이에 응하지 않았다. 하마스는 이스라엘을 향해 로켓포 공습을 시작했고 이스라엘 역시 가자 지구에 공습을 진행했다. 당시

하마스가 이스라엘을 향해 쏘아 올린 로켓포는 약 4300여 발에 달했고 이스라엘은 인구 밀집 지역으로 향하는 로켓의 90퍼센트를 아이언돔을 활용해 공중에서 요격했다. 어두운 밤하늘에 섬광을 그리며 날아오는 로켓포를 요격하는 모습이 온라인상에 그대로 전달되었고 사람들은 마치 하늘을 수놓는 불꽃놀이를 구경하듯 창과 방패의 대결을 지켜보았다.

지구 저편 이스라엘과 팔레스타인 간 분쟁이었지만 국내 정세를 살피며 국제사회 변화로 인한 국내 영향을 확인해야 하는 사람들은 마음이 바빠졌다. 혹시 한국에 거주하는 팔레스타인 사람들이 동요하는 것은 아닐지, 팔레스타인을 지지하는 국내 다양한 기관이 대규모 항의를 진행하는 것은 아닐지 우리 사회에 미칠 수 있는 영향을 여러 각도로 파악하며 저 먼 땅은 물론 우리 역시 무탈하게 지나가기를 빌었다. 과거와 달리 현대 국제사회는 긴밀하게 연결되어 있다. 수많은 사람이 자신의 고향을 떠나 다른 지역에 거주하고 있기도 하고 지구 반대편에서 벌어지는 일이 실시간으로 전달된다.

우리나라에 거주하는 이주 무슬림도 다양한 경로를 통해 전 세계의 소식을 접한다. 과거와 다르게 현지 소식을 휴대전화로 너무나 쉽게 접할 수 있기에 원하기만 한다면 언제든 지구 반대편 소식을 확인할 수 있다. 재미있는 것은, 외국인들이 접

　타인을 기록하는 마음

하는 매체는 우리나라에서 생산된 것이 아니라 대체로 본국의 언론과 미디어 매체라는 점이다. 다양한 국가 출신의 이주 무슬림이 한 공간에 모여 예배드리는 것이 가능한 이유도 여기에 있다. 기본적인 예배 방식은 언어를 막론하고 동일하기 때문에 함께 진행한다. 언어를 이해하지 못하는 사람들은 설교 시간이 되면 자신이 좋아하는 설교를 유튜브로 시청하면서 예배를 마무리한다. 이런 방식은 편리하기도 하지만 또 한편으로는 예상하지 못한 결과를 가져올 수도 있다.

도저히 접점이라고는 찾아볼 수 없는 상황 속에서도 어느 날 갑자기 온라인이라는 매개를 통해 이슬람 극단주의에 경도되어 집을 박차고 떠나기도 한다. 우리 사회를 지켜야 하는 보이지 않는 방어막은 더 견고해져야 하고 그 속에서 국가라는 이름으로 진행하는 일 속에 무고한 사람이 피해를 보는 일은 막아야 한다. 사람들은 더욱 성장했다. 우리는 사회 유지와 발전을 위해 정말 많은 요소를 면밀하고 꼼꼼하게 살피며 나아가야 하는 시대를 살고 있다.

지구 반대편 작은 사건 하나가 우리 사회 속에 나비효과를 보일 수 있는 시대다. 2021년 아프가니스탄 특별기여자 입국만 보더라도 그렇다. 2001년 9·11에서 시작된 톱니바퀴가 하나씩 하나씩 맞아 들더니 2021년에는 우리 사회로 아프가니스탄 사람들이 유입되는 결과가 나타난 것이다. '때마침' '하필 그 때'라는 말로 역사 속 사건이 연결되지만 결국은 그 모든 톱니바퀴로 현재가 존재한다. 원인과 결과가 사슬처럼 얽혀 있는 현대사회에서 엄청난 인구 감소를 눈앞에 두고 있는 우리나라에 여러 이주민이 유입되리라는 것은 기정사실과 다름없다. 그만큼 우리가 예측하지 못한 곳에서 우리 사회에 영향을 줄 수 있는 요소가 늘어났음을 의미한다. 그럼에도 낯선 이방인과 함께 상호 교환적 공존을 위한 방법을 모색해야 하는 것도 피할 수 없는 사실이다. 그리고 이를 위해 누군가는 끊임없이 수용을 이야기할 것이고 또 다른 누군가는 이를 반대할 것이다.

그럼에도 잊지 말아야 하는 것

○

찬성과 반대를 떠나 아무리 무슬림, 이주민을 긍정적으로 보고 이들과의 공존을 모색한다고 할지라도 절대로 잊어서는 안 되는 부분 역시 존재한다. 이들 중 분명 누군가는 이슬람 극단주의를 신봉할 가능성 혹은 우리 사회에서 살아가면서 성향이 변할 수도 있다는 가능성이 있다는 점이다. 실제로 아주 극소수의 사람이라도 사회에 엄청난 피해를 주고 수많은 사람이 피해를

타인을 기록하는 마음

볼 수 있다는 사실은 서구의 여러 사례만 보아도 생생하게 느낄 수 있다.

어느 날이었다. 아는 분의 소개로 만나 한국 사회 내 초기 이주 무슬림의 삶과 관련해 인터뷰를 진행했던 이주 무슬림 남성이 불법 행위를 저질러 체포되었고 추방될 가능성이 크다는 소식을 전해 들었다. 이민 관련 브로커로 활동한 탓이었다. 실제로 내가 만나는 사람들이 모두 다 선하고 좋은 사람일 것이라고는 생각하지 않았다. 내 연구 활동을 옆에서 지켜보는 동료 연구자들 역시 다른 사람에게 너무 정을 주거나 온 마음을 다해 믿지는 않았으면 좋겠다고 조언한 적도 있었다. 하지만 머리로 상상했던 일이 실제로 벌어지자 수많은 감정이 오갔다. 나는 이 사람들을 알고 있지만 또 알지 못하는 것이다. 지난날 내가 만난 그 사람은 이민 관련 브로커였지만 앞으로 내가 만날 사람 중 누군가는 마약 범죄자이거나 이슬람 극단주의자일지도 모르는 것이다.

사실 극단주의자와의 만남이나 차후에 진행되는 인지는 말 그대로 극단적인 사례일지도 모르겠다. 경북의 어느 소도시에 있는 작은 예배소를 몇몇 관계자와 찾아간 적이 있었다. 예배소 명칭부터 파키스탄에 있는 종교 단체(분파)의 이름을 사용하고 있었기에 간판만 보고도 이곳은 파키스탄 사람들이 모이는 예배소겠다고 판단했다. 지하에 있었는데 조심스럽게 내부로 들어서자 예배를 드리는 안쪽 공간에 희미한 불빛이 새어 나오고 바스락거리는 소리가 들려왔다. "앗쌀라무 알라이쿰"이라는 인사를 몇 차례 건네자 아무리 보아도 한 걸음을 옮기기 힘들어 보이는 한 아저씨가 천천히 걸어 나왔다. 허리를 제대로 펴지도 못하는 모습이었다. 힘들게 우리 앞으로 다가와 벽에 기대어 선 채 아저씨는 우리에게 인사를 건넸다. 어느 나라에서 왔냐고 묻자 이집트 출신이라고 했다. 몸이 아프냐고 물으니 자신의 사연을 털어놓기 시작했다. 작은 공장에서 일하고 있었는데 어느 날 사다리 위에 올라가서 하는 작업을 진행하다 그대로 바닥으로 추락했다고 한다. 허리가 끊어질 듯 아팠고 거동조차 제대로 할 수 없는 상황이었지만 회사에서는 병원으로 데려가지도 않았고 본인 역시 병원을 갈 생각도 못 하는 상황이었다. 아저씨는 불법체류자였다.

사실 병원 치료는 사람이 가질 수 있는 최소한의 인권이자 생존을 위한 것이기에 체류 신분과 관계없이 진행할 수 있다. 하지만 잡혀서 강제 출국 조치를 당할 수 있다는 불안감과 병원비에 대한 부담감 때문에 생존 위협이 오는 상황에서도 불법체류자는 쉽게 병원 문을 열지 못한다.

아저씨 역시 병원을 찾지 못하고 일을 더 이상 할 수 없으니 회사에서도 쫓겨난 상황에서 길을 헤매다 작은 모스크 간판을 보고 무작정 안으로 들어왔다고 했다. 모스크 역시 교회나 성당과 마찬가지로 어려움이 있는 사람을 돌보고 도움을 주는 기능을 하고 있기에 아저씨 역시 어려운 상황에서 모스크로 가면 어떤 형태든 도움을 받을 수 있다고 생각했다. 해당 모스크는 파키스탄 출신 무슬림들이 운영하는 곳이라는 점이 문제였다. 실제로 말도 제대로 통하지 않는 상황이었지만 모스크 관리자는 아저씨에게 작은 공간을 내어주고 상황이 좋아질 때까지 그곳에 머물게 도와주었다고 했다. 상황이 이 정도로 심각한데 왜 이집트로 돌아갈 생각을 하지 않느냐고 묻자 이집트로 돌아갈 비행기 푯값도 없을뿐더러 자신이 일해야만 이집트에 있는 가족들이 먹고살 수 있다고 했다.

이 말을 모두 신뢰할 수는 없겠지만 나는 적어도 이 사람이 우리 사회에 남을 수 있는 한 최대한 오랫동안 거주하고 싶다는 의미로 받아들였다. 아저씨는 "오늘 나에게 아랍어를 할 수 있는 네가 온 것은 알라의 축복과 같다"라면서 자신을 도와줄 수 있겠느냐고 물었다. 목발을 하나 구해달라는 것이었다. 현실적으로 그 상황에서 갑자기 목발을 구할 방법은 없었다. 일단 아저씨 연락처를 받아들고 방법을 찾아보겠노라고 말하고 자리를 떴다.

그날 동행했던 분들은 불법체류자도 치료가 가능한 치료 센터를 찾아 아저씨가 치료를 받을 수 있게 했다. 당시 아저씨 에게 이름과 전화번호를 받아두었는데 치료가 마무리되어가 던 어느 날 아저씨는 흔적도 없이 사라졌다. 이 소식을 전해 들 었을 때 묘한 안도감과 씁쓸한 감정이 동시에 몰려왔다. 사람을 돕는 것은 호의의 발로이지만 결국 그는 다시 불법적 삶을 선 택한 것이었다.

이주민, 그리고 이주 무슬림과 관련해 우리 앞의 길은 두 방향으로 뻗어 있다. 한 길은 안보라는 길이고, 다른 길은 인권 이라는 길이다. 이주 무슬림을 바라보는 세 가지 시선인 혐오와 이해, 무관심 중 내가 출발한 시각은 무관심이었다. 중동에서 벌어지고 있는 일 혹은 역사 속에서 진행되었던 일에만 늘 관 심을 가졌을 뿐 정작 우리 옆에 살아가고 있는 사람들에 대해 서는 무관심했다. 하지만 차근차근 연구가 진행되면서 나의 연 구가 국가 안보와 깊이 연결되어 있다는 사실을 깨달았다. 적어 도 해외에서 이주 무슬림을 다루는 연구는 언제나 국가 안보와 연결되어 있었다. 테러가 발생할 수 있는 최소한의 가능성도 막 아야 한다는 사람들의 강한 의지는 주변에 있는 무슬림을 향한 모든 종류의 행위에 정당성을 부여했다. 9·11 테러가 발생한 뒤 안보와 안전이라는 이름으로 발생한 모든 일의 끝은 인권으

　　타인을 기록하는 마음

로 다가가 닿았다. 안보 수호라는 이름으로 행해지는 일이라면 인권을 넘어서 인간의 보편적 가치를 해하더라도 용인할 수 있는가라는 가치 판단이 필요해진 것이다.

또한 모든 무슬림이 테러리스트인 것은 아니기에 누군가의 목적에 맞추어 임의로 모두를 잠재적 범죄자로 가정하고 그들에게 불리한 행동과 위협 행위를 할 수 있는가에 대한 문제였다. 특히 노동자 계층으로 사회에 유입된 사람들의 삶의 질을 확보하고 사회 속에서 인간답게 살아갈 수 있어야 한다는 보편적 가치는 현대사회의 근간이자 사회가 유지되는 원동력과 같았다. 그럼에도 인권의 무조건적인 신봉으로 인해 우리가 사는 일상이 위협받고 내가 사랑하는 가족이 길을 걷다 생을 마감할 수 있는 상황이 온다면 그 상황을 받아들일 수 있는가라는 질문이 다시 던져졌다. 결국 안보와 인권은 서로의 꼬리를 잡으며 끊임없이 제자리를 돌고 있다.

이해와 공감을 통해 안보와 인권이라는 길을 하나로

○

역사에는 가정이 없지만 그래도 가정해보고 싶다. 만약 유럽이 다른 국가를 식민 지배하지 않았다면 어떠했을까. 오스만제국이 제1차 세계대전에서 연합국의 편에 서 있었다면 어떠했을까. 미국과 소련의 냉전 시대가 일어나지 않았다면 어떠했을까. 미국이 아프가니스탄의 무자히딘에게 자금을 지원하지 않았다면, 알카에다가 결성되지 않았거나 사전에 이들을 색출했었다면, 9·11 테러를 미리 알아채고 막았다면, 아프가니스탄 전쟁에 집중하고 이라크로 눈을 돌리지 않았다면 어떠했을까. ISIS가 등장하지 않았다면, 탈레반이 재등장하지 않았다면 어떠했을까. 어쩌면 역사의 흐름을 바꿀 수 있었을 수많은 가정의 순간을 곰곰이 생각해보면 결국 사람들은 그 순간 자신들이 할 수 있는 최선의 선택을 했고 수많은 상호작용을 통해 지금 이 자리에 서 있다. 사실 어느 시점 누군가의 잘못 때문에 이 모든 일이 벌어졌다고 논할 수 없는 것이다.

역사 속 가정과 마찬가지로 우리 앞에 주어진 두 갈래 길 중 우리가 어떤 길을 선택해나가야 하는가는 철저하게 우리의 결정에 달려 있다. 최근 국제사회는 안보에 더욱 초점을 맞추어 나가고 있다. 비단 종교 극단주의자가 가하는 테러뿐만 아니라 사회 내 극우 세력의 테러 역시 예방하고 막아내야 하는 요소로 심각하게 다루어지고 있다. 과거 단순히 자국의 안전을 위해 노력하던 범위를 넘어서 초국가 안보라는 개념이 사용되고 이를 위해 국가 간 정보 공유와 협업의 필요성이 그 어느 때보다

 타인을 기록하는 마음

대두되고 있다.

우리나라라고 해서 이런 가능성과 잠재적 위험성에서 벗어날 수는 없다. 이슬람이라는 종교가 폭력을 허락하고 부추기는 종교라는, 말 그대로 천인공노할 종교라는 것은 사실이 아니다. 다만 자신의 목적에 따라 누군가를 해치는 사람들이 이슬람이라는 종교를 앞에 걸어두고 행동하는 것은 부인할 수 없는 사실이다. 불과 얼마 전까지 극단주의와 인연이 없던 사람일지라도 어떤 일을 계기로 어느 순간 극단주의자가 되어 폭력적 행동을 할지도 모르는 세상이다. 하지만 우리가 모든 사람의 마음을 꿰뚫어 볼 수도 없는 노릇이다. 그러므로 이들을 가려내고 소수로 인해 다수가 피해를 입지 않도록 끊임없이 생각하고 방법을 찾아내며 시스템을 갖추어야 한다.

물론 일련의 과정은 우리가 그토록 염원하며 기준을 만들어온 인권의 범위를 넘어서서는 안 될 것이다. 이렇게 이야기하면서도 공상과학 소설 속 파랑새를 찾는 기분이다. 너무나 어려운 문제이지만 그렇다고 손을 놓고 있을 수도 없는 부분이다. 9·11 테러부터 현재까지 이어진 테러를 정리한 어느 다큐멘터리에서 출연자가 이렇게 말했다. 복종과 협조를 혼동해서는 안 된다고, 힘과 강압에 의한 복종은 거짓을 이야기할 수 있지만 (다수는 강압에 못 이겨 듣고 싶은 말을 거짓으로 하지만) 자발적 협조는

진실을 가져다준다고 말이다. 아무리 이슬람의 본질은 이렇다
고, 사실 이슬람이 악한 것은 아니라고 외쳐도 이슬람을 믿는
누군가는 테러와 연루된 것 역시 사실이다(물론 종교와 전혀 무관하
게 다른 사람을 해치는 사람도 있지만 이 부분은 논외로 한다). 그렇다고 오
직 안보라는 목적 하나만 보며 달려가기에는 그들 역시 사람이
고 같은 시간을 살아가고 있는 존재임을 간과해서는 안 된다.
결국 이해와 공감만이 안보와 인권이라는 두 갈래 길을 하나로
합칠 수 있게 하는 것은 아닐까.

 타인을 기록하는 마음

거대해지는
이슬람

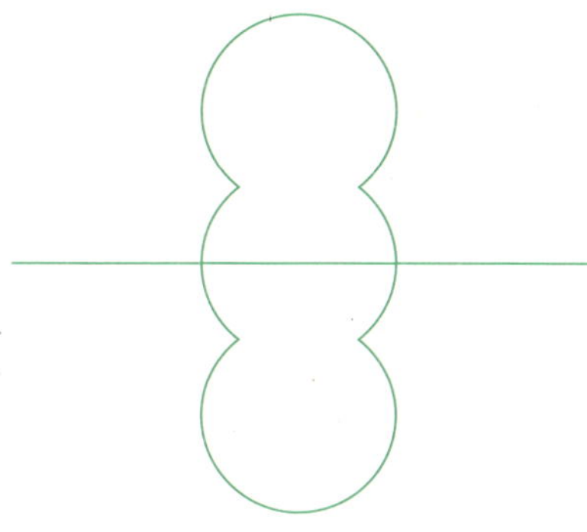

전 세계 인구의 25퍼센트. 2050년이면 기독교를 누르고 전 세계 종교인 중 가장 많은 신자를 보유할 종교. 수치만 생각하면 실로 놀라운 숫자다. 동아시아 일부 국가(무려 한국과 일본)를 제외한 거의 모든 아시아 전역에 널리 퍼져 있고 아프리카에도 광범위하게 퍼져 있다. 유럽과 북미 지역 역시 무슬림 수가 날로 증가하고 있다. 유럽에서는 무슬림 이주민을 모두 수용할 경우와 현재 증가세를 유지할 경우, 문을 잠가버릴 경우 모두를 예상해 연도별 무슬림 예상 증가 수치가 통계로 제공될 정도다. 이처럼 무슬림 인구수 증가는 여러 지역의 주요 관심사 중 하나다.

이런 사실을 말하면 다수가 궁금해하는 부분이 있다. 인구수가 이토록 많아진다는 것은 곧 무슬림이 지구 정복을 하는 그 날이 오는 것인가다. 물론 그렇지 않다. 생각보다 사람들을 이끌어나가는 존재가 된다는 것에는 많은 요소가 복합적으로 작용한다. 당연히 인구수가 많으면 유리하겠지만 반드시 인구수가 전 세계 주도권을 잡는 것을 의미하지는 않는다. 단순히 인구수로 세계 흐름이 바뀐다면 현대사회에서 유대인이 가지고 있는 다양한 여량은 설명 불가능할 것이다.

그다음으로 많이 나오는 궁금증은 그렇다면 왜 무슬림은 증가하는가다. 무엇보다 무슬림은 자연적 인구 증가율이 높다. 다시 말해 출산율이 상당히 높은 편이다. 가정 내에서 자연스럽게 전달되는 이슬람의 특성상 출산율이 높다는 것은 무슬림 수의 증가율이 높다는 점을 의미한다. 여기에 더해서 이슬람은 다른 종교에서 개종하는 비율이 상대적으로 매우 높다. 이슬람에서 기독교나 불교 등의 종교로 개종하는 사례는 많지 않아도 기독교 등의 다른 종교를 믿는 사람이 이슬람으로 개종하는 사례는 많은 편이다. 따라서 무슬림 인구수는 특별한 사건이 발생하지 않는 한 적어도 한동안은 증가할 것이다.

무슬림 인구수가 증가한다는 것은 우리가 흔히 이야기하는 이슬람 국가 내 인구가 많아진다는 것을 의미하기도 하며

 타인을 기록하는 마음

해외로 이주하는 무슬림 수가 증가한다는 것을 의미하기도 한다. 세계 곳곳에 무슬림이 거주하고 그들을 위한 공간이 만들어지고 자신들만의 지역이 형성되기도 하는 것이다.

우리나라에서 10시간 이상 비행기를 타고 날아가야 닿을 수 있는 터키. 놀랍게도 터키의 모습을 엿볼 수 있는 공간이 일본 도쿄에 있다. 신주쿠에서 얼마 떨어지지 않은 곳에 있는 도쿄 모스크가 바로 그곳이다. 도쿄 모스크는 터키의 후원으로 건설되었다. 외부 모습은 터키의 모스크 건축 양식을 닮았다. 둥근 반구형 돔과 연필심같이 뾰족하게 솟아오른 미나렛, 하얀 외벽과 화려한 내부 장식은 규모만 작아졌을 뿐이지 터키의 모습을 엿보기에 충분하다. 우리나라의 가장 대표적인 이슬람 성원인 이태원 성원은 사우디아라비아의 후원으로 건설되었다. 건물이 낙후되고 공간이 비좁아지자 본격적으로 재건축 이야기가 나오기 시작했다. 재건축 진행 과정에서 어느 국가의 후원을 받을 것인지가 논의의 화두가 되기도 했다. 현재는 사무실로 이용하던 공간도 모스크로 확장하고 옆에 작은 건물을 추가로 건설해 함께 사용하고 있다.

더욱 놀라운 점은 평양에도 모스크가 있다는 사실이다. 구글 맵을 통해 검색하면 찾아볼 수 있는 이곳은 라흐만 모스크라고 이름 붙여져 있다. 지도에서는 이란 대사관과 같은 위치로

나오기도 하는데 아마도 이란 정부에서 북한에 지어준 모스크가 아닐까 추정해본다. 또 우리나라 전역에는 같은 이름을 달고 있는 성원과 예배소가 있다. 페잔에 마디나Faizan-e Madina라는 성원과 예배소다. 파키스탄에서는 크게 세 부류로 이슬람을 구분할 수 있는데 수니파Sunni에 속하는 데오반디Deobandi와 바렐비Barelvi, 그리고 시아파Shia가 있다. 이중 바렐비 관점을 교육하며 같은 성향의 사람들을 키워내는 다와테 이슬라미Dawaat-e Islami라는 교육기관이 있다. 이곳은 해외에서 생활하는 파키스탄 무슬림을 위한 성원과 예배소 건립 사업을 대규모 자금을 투자해 진행하는데 이것이 바로 페잔에 마디나다.

이들은 다소 특이한 운영체제를 가지고 있다. 파키스탄에 있는 기관 본부가 직접 운영한다기보다는 공동체가 형성된 뒤에 기관에 요청하면 일정 과정을 거쳐 '페잔에 마디나'라는 명칭을 사용할 수 있는 허가가 난다고 한다. 허가 난 이후에 공동체의 규모가 커지면 본부에서 종교 지도자가 파견 나오기도 하는 체제로 운영되며 전 세계에 없는 국가가 없을 정도로 퍼져 있다. 영국에서는 가장 규모가 큰 모스크 중 하나가 바로 이 다와테 이슬라미 계열의 모스크로 꼽힌다.

 타인을 기록하는 마음

이슬람 세계의 팽창

○

이렇듯 여러 이슬람 국가는 단순히 자국 무슬림 신자의 권익 보호나 효율적인 종교 생활을 위한 사업을 시행하는 것뿐만 아니라 전 세계에 퍼져 있는 무슬림을 위한 다양한 활동을 진행한다. 이런 모습을 보고 여러 이슬람 국가가 공격적인 선교를 진행한다고 오해할 수도 있지만 선교를 위한 활동이라기보다는 무슬림을 위한 노력에 더 가깝다고 보아야 한다. 가장 활발한 활동을 진행하는 다와테 이슬라미 역시 자신들이 모스크로 끌어오고자 하는 첫 번째 대상은 파키스탄인 무슬림이고 그다음이 바렐비를 따르지 않는 무슬림이라고 할 정도로 무슬림 간 활동에 주력하고 있다. 특히 해외에 거주하는 무슬림을 위한 모스크 건설 사업이나 지원을 통해서 자신들의 국력을 대외에 알리고 무슬림 사이에서 이른바 맹주 국가로 역할을 다한다는 이미지를 구축하고 있다. 정치 역량부터 국가 이미지까지 확장하고 확립하는 데 이슬람이라는 정체성을 요긴하게 사용하고 있다. 가장 대표적인 기관으로 사우디아라비아의 킹파이잘 재단King Faisal Foundation, 터키 종교성PRA 등을 꼽을 수 있다. 즉, 이슬람 사회 역시 팽창하고 있는 이슬람 세계를 인지하고 있으며 이들 사이에서 자신들이 수행해야 하는 역할을 찾고 있다.

이슬람 세계의 팽창은 단순히 종교 시설 증가와 공동체 확장에 그치지 않는다. 무슬림 인구 증가는 곧 팽창하는 시장의 존재로 연결된다. 이 시장을 일컬어 흔히 할랄 시장이라고 이야기한다.

평소 알고 지내던 인도네시아 출신 무슬림 친구에게 연락을 받았다. 나를 누나라고 부르며 친근하게 지내던 친구였는데 부탁할 것이 있다며 도와줄 수 있느냐고 물어왔다. 무슨 일인지 들어보니 한국에서 싸고 가볍게 먹을 수 있는 컵라면 같은 음식을 먹고 싶은데 어떤 제품이 자신들이 먹어도 되는 식품인지 잘 모르겠다는 것이었다. 마트에서 쉽게 구할 수 있는 음식 중 자신들이 먹을 수 있는 음식이 있는지 확인해주면 좋겠다고 했다. 물론 한국에 거주하고 있는 무슬림 중 어떤 사람들은 돼지고기나 술이 아닌 이상 한계가 있다는 사실을 감안하고 음식을 먹는다. 돼지고기를 먹거나 술을 마시는 사람도 있다. 제3자의 시각에서 바라보면 이는 비난할 문제가 아니라 개인 선택의 영역에 가깝다고 생각한다. 나에게 전화한 친구는 독실한 무슬림으로, 한국에서도 지킬 수 있는 범주에서는 무슬림의 의무를 지키고 싶어 하는 친구였다. 나는 그날 오후 동네에 있는 마트를 찾아가 간편식 코너를 살피기 시작했다.

사실 우리나라 음식 소매점에 할랄 인증이 붙은 상품은 찾

 타인을 기록하는 마음

아보기 힘들다. 특히 수입품이 아닌 우리나라에서 생산한 제품은 더욱 어렵다. 할랄 인증은 무슬림이 먹을 수 있도록 이슬람법에 저촉되는 요소가 없다는 것을 인증받은 상품으로 식품에서 시작해 다양한 범주로 확장되고 있다. 수없이 많은 인증 기관이 난립하고 있지만 대표적으로 인도네시아, 말레이시아, 싱가포르, 아랍에미리트에서 운영하는 인증 기관이 가장 공신력 있는 기관으로 꼽히는 상황이다.

한때 우리나라에서도 익산에 할랄 산업 단지를 육성해서 이슬람 시장으로 진출 가능성을 확보하겠다는 계획을 세우고 실행에 옮기려 한 적이 있었다. 2016년이었다. 당시 박근혜 대통령이 익산 국가식품클러스터 내에 할랄 단지를 조성하겠다고 언급하자 엄청난 반발이 진행되었다. 특히 기독교계에서는 극렬한 반대가 일어났다. 할랄 상품 소비에 사용된 돈은 테러리스트에게 테러 자금으로 유입될 것이라는 주장이 나오기도 했고 한국 내 무슬림 증가 가능성과 앞에서도 이야기한 수많은 이슬람 관련 괴담이 퍼져나가기 시작했다. 결국 익산 할랄 단지 조성은 백지화되었다. 간혹 할랄 인증 마크가 붙은 공산품이 유통되기도 하지만 온라인에서는 이런 제품의 소비가 테러리스트에게 자금을 지원하는 꼴이 된다는 근거 없는 말이 나오는 상황이다. 국내와 달리 해외로 수출되는 우리 제품 중에는 할랄 인증을 받아 무슬림도 먹을 수 있는 제품이 존재한다. 동남아시아 지역에서 대중적인 인기를 끈 '대박라면'이나 '불닭볶음면'이 대표적이다.

문제는 우리나라 안에서 무엇을 먹을 수 있는가였다. 할랄 인증이 없으면 고육지책으로 채식을 하거나 돼지고기가 들어간 음식을 피한다. 더 복잡한 문제는 단순히 성분에 돼지고기가 없다고 해서 무조건 먹을 수 있는 것이 아니라는 점이다. 돼지고기를 사용한 제품을 생산하는 공정에서 만들었다면 어떤 제품이든 먹을 수 없다. 혹은 같은 포장재를 사용하거나 같은 공간에 적재된 경우에도 먹지 못한다. 해당 제품을 생산하는 기업이 이슬람법에 어긋나는 사업을 벌일 때에도 할랄 인증이 발급되지 않을 정도이니 할랄 인증과 무슬림이 실제로 먹을 수 있는 음식을 찾아내기는 쉽지 않았다.

모든 마트 내의 상품에 표기된 성분표와 주의 문구를 읽은 결과 진열된 즉석식품 중 독실한 무슬림이 먹을 수 있는 음식은 없었다. 오직 누룽지만 먹을 수 있었다. 해당 사실을 말하자 사실 매일 귀찮을 때 누룽지만 사 먹다가 너무 힘들어서 물어본 것이라 했다. 엄밀히 말하면, 모르는 채로 먹으면 샤리아법에 어긋나지 않는다. 아무리 찾아도 내가 아는 선에서는 무슬림이 먹을 수 있는 음식이 없기에 차라리 알려주지 말아버릴까

 타인을 기록하는 마음

순간적으로 생각하기도 했지만 나에게 물어볼 정도면 그것을
원한 것은 아닌 듯해 있는 그대로 전달했다. 선택은 너의 몫이
고 한국 사회에서 최소한의 조건을 채울 수 있는 음식조차 찾
기 어려울 듯하니 잘 생각해보라고 말이다. 결국 그 친구는 종
교적 신념을 지키는 쪽으로 선택했다. 조금 힘들지만 그래도 할
수 있는 한 음식을 가려보기로 말이다.

물론 한국에서 살아가고 있는 이주 무슬림들은 환경이 그들
의 출신 국가와 너무나 다르다 보니 철저하게 할랄을 지키는 사
람도 있지만 어느 정도 상황을 수용하고 허용 범주를 넓히는 사
람도 있다. 삶의 모습에 맞추어 변하는 것이다. 특히 규모가 작은
예배소를 돌아다니다 보면 생각보다 재미있는 경험을 하게 된
다. 먹는 음식조차 가려먹는 사람들인데 종교적으로 소중하고
신성한 공간인 예배 공간을 꾸리는 일이 얼마나 중요하겠는가.

중동의 역사가 오래된 기념비적 종교 시설을 보면 아주 오
랫동안 다양한 종교의 성지로 사용되던 곳이 많다. 시리아 다마
스쿠스에 있는 다마스쿠스 대모스크의 경우, 모스크가 들어서
기 이전에는 세례 요한의 성당으로 사용된 곳이었다. 그 이전에
는 주피터(제우스) 신전이 있었다. 스페인 코르도바에 있는 대모
스크 역시 모스크가 들어서기 이전에는 성당으로 사용되었고
이후 모스크로 사용되다 다시 기독교인이 이 지역을 다스리면

서 성당으로 사용되었다. 지금은 여기에 경제 논리까지 더해져 모스크-성당이라는 이름 아래 종교 시설이자 관광자원으로 이용되고 있다. 예루살렘에 있고 수많은 이슬람-팔레스타인 분쟁의 직접적 시작점이 되는 바위의 돔은 이슬람에서는 예언자 무함마드가 하늘로 승천한 곳으로, 유대인들에게는 솔로몬이 재판한 장소로 여겨진다. 그 이전에는 아브라함이 자신의 자식을 제물로 바치려 한 곳으로 사람들은 믿고 있다. 이렇듯 성스러운 곳으로 여겨지는 곳은 역사적으로도 아주 오랫동안 사용자가 다를 뿐 같은 맥락의 성스러움이 부여된 곳이 많다. 학부 시절 한 교수님께서는 이런 일화를 이야기하시며 "땅에도 팔자라는 것이 있는 듯하다"라고 하셨는데 이 말이 아직도 참 오랫동안 기억에 남아 있다.

상황에 적응해 살아가는 이주 무슬림들

○

한국에 사는 이주 무슬림에게 이런 이야기는 지극히 사치일 뿐이다. 공동체 생활과 종교 생활을 하는 곳을 만들기 위해 이들이 가장 먼저 고려하는 것은 저렴한 임대료와 사람들의 접근성이다. 그러다 보니 굉장히 재미있는 모습을 볼 수 있었다.

      타인을 기록하는 마음

경남에 있는 간판조차 제대로 달려 있지 않은 허름한 예배소를 찾아간 날이었다. 예배소 안에는 자신을 우즈베키스탄 출신이라고 밝힌 한 무슬림이 예배를 드리고 있었다. 예배가 끝날 때를 기다리며 예배소 안을 조용히 살펴보는데 천장에 커다란 미러볼이 달린 것이 아닌가. 아무리 안을 둘러보고 살펴보아도 그곳은 최소 가라오케였다. 예배를 마친 무슬림에게 원래 이곳이 어떤 곳이었는지 물으니 수줍게 웃으며 가라오케라고 대답했다. 나도 모르게 웃음이 새어 나왔다. 무슬림 역시 웃더니 그래도 괜찮다고 우리에게는 소중한 공간이라고 말했다. 대답하는 무슬림 등 뒤로 최선을 다해 꾸민 미흐랍Mihrab이 보였다. 미흐랍 주변에는 문구점에서 쉽게 살 수 있는 형형색색의 별 스티커가 붙어 있었다.

현란한 색과 디자인을 한 도우미 노래방 간판이 모스크 입구를 알리는 간판과 나란히 걸려 있는 곳도 있었다. 물론 사람 사는 곳인 만큼 중동 국가에도 클럽이나 가라오케가 존재한다. 하지만 그 옆에 바로 모스크 간판이 걸려 있는 모습을 이역만리 타국에서 보게 되니 참으로 신선하게 여겨졌다. 나는 이태원 성원의 이맘과 대화를 나누다가 지방에서 도우미가 있는 노래방 간판과 모스크 간판이 나란히 걸려 있었다고 이야기하면서 함께 웃기도 했다.

또 하루는 단층 건물을 새로 매입해서 모스크 문을 연 곳을 찾아갔다. 건물 내부 구조가 매우 독특했는데 중앙에 넓은 거실 내지는 홀과 같은 건물이 있고 양옆으로 작은 방들이 늘어서 있었다. 그중 메카 방향과 일치하는 방 하나를 미흐랍으로 꾸며 사용하고 있었고 반대편 방들은 모스크에서 숙식을 해결하는 사람들이 사용하고 있었다. 사용하는 모습을 보면 영락없는 모스크가 맞는데 내 눈에는 이상하게 자꾸 음식점으로 보였다. 집으로 돌아오는 길에 구글Google 지도로 건물의 지난 모습을 확인하니 아뿔싸, 원래 그곳은 돼지갈비 식당이었다. 무슬림이 절대로 먹지 못하는 돼지갈비(고기) 식당에 들어선 모스크라니! 정말이지 우리나라이기 때문에 볼 수 있는 모습에 웃음이 절로 터져 나왔다.

이런 일도 있었다. 부산에 있는 예배소를 찾아갔을 때였다. 임대료를 묻는데 건물 위치나 상태와 대비해 가격이 너무 쌌다. 그렇게 오랫동안 수많은 예배소를 다녔지만 주변 가격보다 소위 바가지를 쓰고 계약한 경우는 있어도 싸게 계약한 경우는 처음 보는 상황이었다. 이유를 묻자 대답이 걸작이었다. 해당 장소는 주변 주민들 사이에서 귀신 나오는 집으로 유명했다고 한다. 아무도 건물에 입주하려 하지 않자 주인은 가격을 점점 내릴 수밖에 없었다. 그 와중에 무슬림이 나타난 것이다. 무

    타인을 기록하는 마음

섭지 않은지 물었더니 자신들이 믿는 알라가 더 대단하다고, 자신들은 귀신이 무섭지 않다고 했다.

할랄은 무슬림 삶에서 떼려야 뗄 수 없는 존재이지만 또 상황에 따라서 무슬림 역시 상황에 적응하고 살아간다. 우리나라에서 이야기하고 생산하는 할랄 관련 제품은 사실 우리나라에 거주하는 무슬림을 위한 것이라기보다는 하나의 시장을 타깃으로 생산하는 상품이다. 할랄이라는 상품과 이와 관련한 시장은 세계 인구 4분의 1이 매일 확인하고 신경 쓰는 특별한 시장이다. 무슬림 인구는 단순히 우리가 잘 모르는 종교를 믿는 사람들의 인구수가 많다는 것만을 의미하지 않는다. 그들의 삶의 모습을 알고 우리가 다가갈 수 있는 요소를 찾아낸다면 우리가 함께 살아가고 교류할 수 있는 새로운 시장이 열리는 셈이다. 특히 최근 불고 있는 케이팝K-POP 열풍이 가장 거세게 부는 곳 가운데 하나로도 이슬람 세계가 꼽힐 만큼 말 그대로 멀지만 어느새 우리 옆에 다가온 세계인 것이다.

결국 다시 사람으로 귀결되는 이 이야기의 끝은 그 속에 사람이 있다는 사실을 인지하고 이들을 사람으로 바라보아야 한다는 것이다. 이 모든 것을 경제 논리와 이익으로 다가간다면 우리가 잘못 끼운 첫 단추는 영원히 바꾸어 끼울 수 없을지도 모른다.

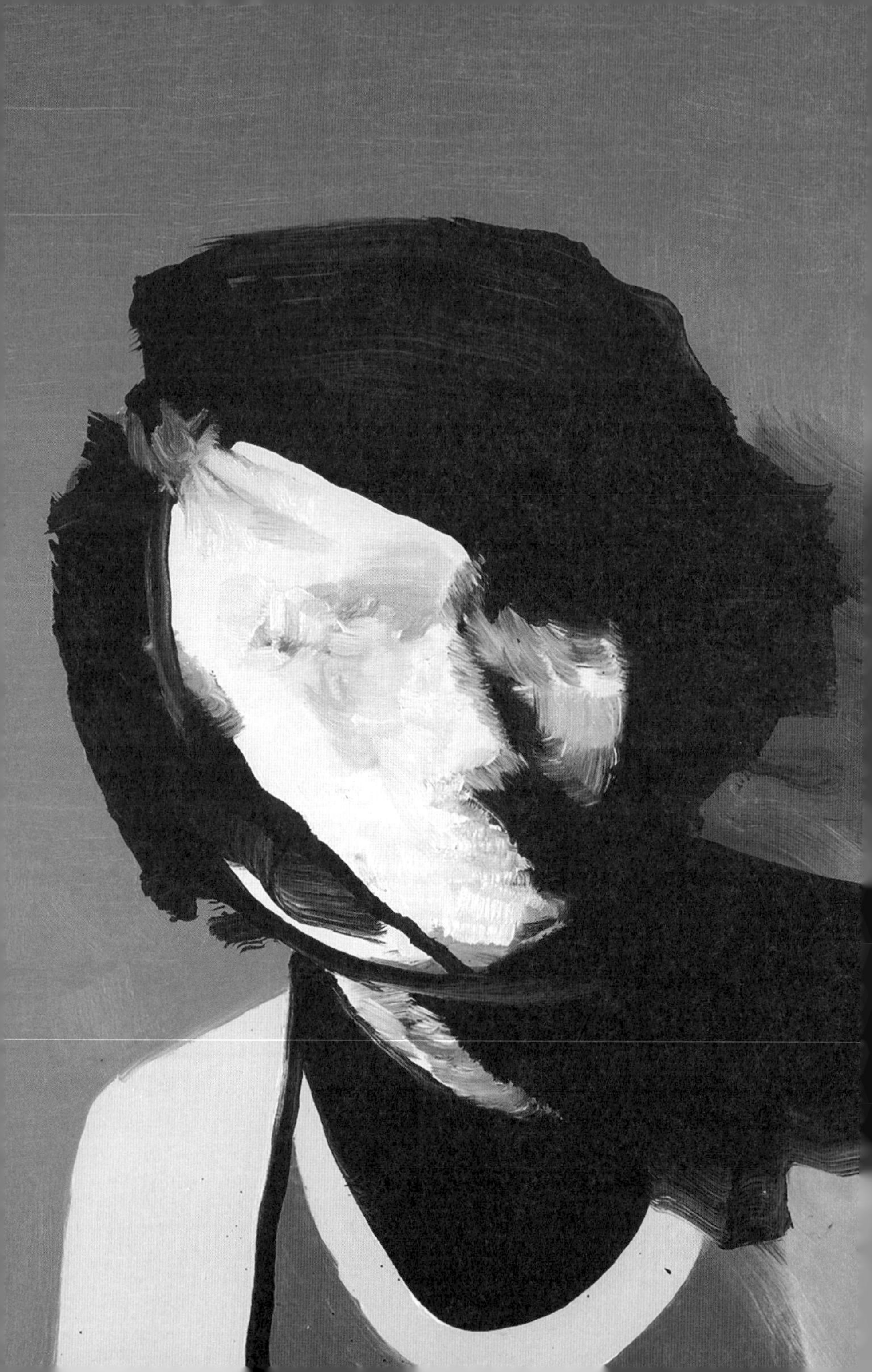

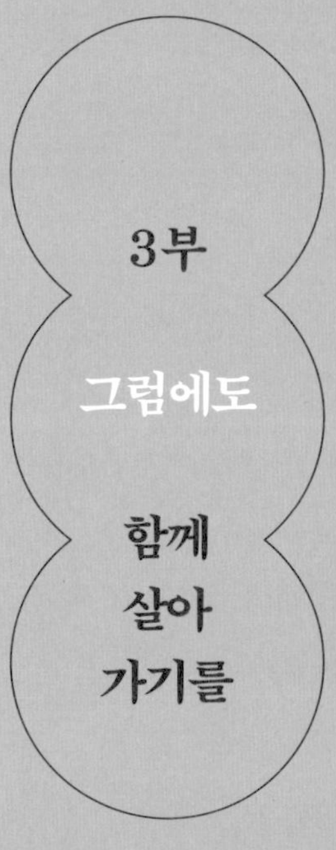
3부

그럼에도

함께
살아
가기를

우리는 서로
다르지 않기에

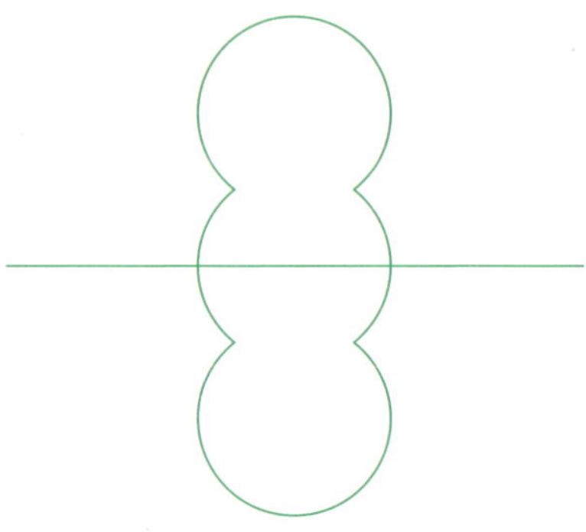

길은 어두웠다. 가로등 하나 제대로 서 있지 않은 길을 앞차의 후미등만 의지한 채 한 시간 정도 따라가고 있었다. 운전하고 있는 나의 옆자리에는 오늘 처음 만난 인도네시아인 여성이 타고 있었다. 한국어가 서투른 여성분과 나눌 수 있는 이야기는 한정적이었다. 시 외곽으로 빠지는 자동차 전용도로를 달리다 공장이 모여 있는 한적한 산길을 따라 올라가기 시작했다. 길은 점점 험해졌고 알 수 없는 무서운 감정이 들기 시작했다. '지금이라도 돌아갈까, 갑자기 배가 아프다고 할까, 정말 따라가도 괜찮겠지, 아는 경찰에게 연락이라도 해야 하는 것은 아닐까, 살아서 돌아갈 수는 있겠지…' 별의별 생각이 다 들었지만 일단 끝까지 따라가보기로 했다. 얼마나 달렸을까. 한적한 어느 공장 주차장에 드디어 차를 멈추어 세웠다.

사건의 시작은 무엇이든 자신이 할 일이 있으면 돕겠다고 이야기하던 어떤 아저씨였다. 몇 달 전 이런저런 이야기를 나누던 중 아저씨의 취미 활동에 관한 이야기를 듣게 되었다. 인도네시아인 친구들과 함께 밴드를 한다고 했다. 한 달에 한 번 모여 밤새도록 연습하고 코로나19 상황이 아니었을 때는 인도네시아 사람들이 진행하는 행사가 있을 때 섭외받아 연주와 노래를 한다고 했다. 당시 코로나19 상황이 심각해 연습조차 하지 않지만 상황이 조금 나아지면 다시 모일 것이라는 이야기였다. 그러던 어느 날 아저씨로부터 연락이 왔다. 그날 저녁에 밴드가 모이기로 했는데 시간이 괜찮으면 한번 와보라는 것이었다. 워낙 늦은 시간에 모이니 일단 아저씨 집에 모여 같이 이동하기로 했다.

아저씨 집에 도착하고 내 눈을 사로잡은 것은 어렸을 때 할머니 댁에 가서 본 듯한 커다란 인삼 담금주였다. 엄청난 크기의 술병에 나도 모르게 웃음이 터져 나왔다. 아저씨는 예배를 드리고 나올 테니 편히 앉아 있으라고 했다. 예배를 드리러 방으로 들어가는 아저씨의 뒷모습과 인삼 담금주는 묘한 분위기를 자아냈다. 예배를 드리고 나온 아저씨에게 인삼주를 가리키며 손으로 술을 마시는 모습을 했다. 물론 "캬!" 소리와 함께. 아저씨는 덩달아 웃으며 "가끔! 한 잔씩!"이라며 저녁 식사는 했는지 물었다. 곧이어 저녁 안 먹었으면 근처에 맛있는 뼈해장국 집이 있는데 가겠느냐고 물었다. 나는 결국 배를 잡고 빵 터진 웃음소리를 내며 말했다.

"아저씨, 뼈해장국은 돼지고기로 만든 음식이잖아요."

아저씨도 덩달아 웃었다.

"아니, 아니. 나는 안 먹어. 근데 거기 맛있대. 나는 다른 것 먹어."

불행인지 다행인지 이미 저녁을 먹고 간 탓에 아저씨와 마주 앉아 뼈해장국 먹는 모습은 연출되지 않았다. 늘 그러했듯 사람 사는 이야기를 했고 그날도 역시 아저씨의 가족과 딸 이야기를 듣게 되었다. 아저씨는 딸이 공부를 매우 잘한다면서 대학을 졸업하고 경찰이 되기를 바란다고 이야기했다. 딸을 교육하고 인도네시아에 멋진 집을 지을 수 있도록 자신이 일하며 돈을 벌 수 있었던 한국을 생각하면 너무나 고맙다고 했다. 힘든 일도 있었지만 그래도 한국이 좋다고 했다. 나는 아저씨를 볼 때마다 해외에서 근무해야 했던 우리네 아버지들의 모습이 저러했을까 하는 생각을 지울 수 없었다. 아버지의 어깨에 짊어진 무게감은 나라를 막론하고 같았다.

 타인을 기록하는 마음

두런두런 이야기를 나누다 보니 어느덧 밴드 연습 시간이 되었다. 아저씨는 머뭇거리더니 중간에 다른 사람 1명을 태우고 가줄 수 있는지 부탁했다. 나는 어려운 일이 아니라고 생각했다. 아저씨 뒤를 따라갈 테니 앞서가라고 이야기했다. 그리고 고행이 시작되었다.

매우 좁은 골목길을 굽이굽이 따라 들어간 외진 빌라에서 처음 보는 여성이 내려왔다. 아저씨는 자신의 차에 빈자리가 없으니 나에게 이 여성을 태우고 따라와달라고 했다. 내 차가 그리 큰 차가 아니었는데도 아슬아슬하게 길을 따라가며 진땀을 뺀 상황이었기에 나는 옆 좌석에 처음 보는 여성분을 정신없이 태우고 다시 운전을 시작했다. 이 상황이 아니었으면 이런 외진 곳에 차를 세우고 사람을 태울 일이 다시 있을까라는 생각이 들었다. 다소 거칠게 운전하는 아저씨 차의 후미등을 보며 따라가는 와중에 옆에 앉아 있는 여성분에게 지금 가는 곳이 어딘지 아느냐고 얼마나 가야 하느냐고 수없이 물었다. 그리고 드디어 밴드가 모이는 곳에 도착했다.

아저씨의 안내에 따라 공장 한쪽에 마련된 숙소로 들어갔다. 매트리스와 이불이 어지럽게 엉킨 방 한 칸이 보였다. 문밖에는 화장실이 있었다. 방 옆쪽으로 작은 싱크대가 놓인 공간이 있었는데 모두가 신발을 신고 드나들기는 했지만 거실 역할을 하는 공간이었다. 공간에는 커다란 앰프 몇 개가 놓여 있었고 전자식 드럼과 키보드가 자리 잡고 있었다. 자신들의 작은 공연장으로 들어온 사람들은 담배를 입에 물고 악기를 조율하기 시작했다. 정말 오랜만에 담배 연기로 가득한 너구리굴에 들어온 듯했다. 마땅히 앉을 곳을 못 찾아 어정쩡하게 서 있는 나에게 잠시 방에 들어가 앉아 있어도 된다며 아저씨는 자리를 권했다. 나는 언뜻 들여다본 방의 모습에 도저히 편하게 앉아 있을 자신이 없어 그냥 한쪽에 서 있겠다고 했다. 내가 보기에는 상당히 지저분한 공간이었기에 어디에 앉아야 할지 종잡을 수가 없었다. 연달아 들어오는 사람들 역시 어딘지 모르게 지저분하게 헝클어진 머리와 낡은 옷, 거친 몸짓과 말투를 뽐내었기에 한쪽 구석에 가구인 듯 붙어 서 있던 내 머릿속에는 난데없는 자아 성찰이 진행되었다. 나는 대체 왜 여기에 있는 것일까….

그러던 중 갑자기 아저씨가 나에게 좋아하는 노래가 있는지 물었다. 밴드가 연주하는 노래면 더 좋다고 하면서. 정신없는 와중에 나는 밴드라는 단어를 듣고 윤도현 밴드의 노래만 생각이 났다. 아저씨는 내 이야기를 듣고는 휴대전화에서 영상을 검색해 노래를 틀어놓고 즉석에서 기타 연주를 시작했다. 노래를 듣자마자 기타 연주를 할 수 있다는 사실이 놀라웠다. 가까이에서 들은 밴드의 연주 소리는 생각보다 참 멋졌다. 아저씨의 가벼운 몸풀기가 끝날 무렵 밴드 구성원이 모두 모였다. 그들은 자기 자리로 가더니 챙겨온 가방에서 악기를 꺼내기 시작했다. 그 순간 먼지가 뽀얗게 앉은 낡은 가방에서 너무나 번쩍거리는 악기가 쏟아져나오기 시작했다. 물론 그 순간에도 입에는 담배를 물고 있었고 담배 연기가 퐁퐁 솟아오르고 있었다. 하지만 악기를 다루는 손길과 눈빛은 한없이 진지했다. 그리고 행복한 모습이었다.

그들도 사람인데 단지 이슬람을 믿을 뿐

○

그렇게 한동안 밴드가 연주하는 인도네시아 음악을 진지하게 경청했다. 낯선 음악이었지만 참 듣기 좋았다. 그리고 알 수 없는 감정이 마음속에서 솟구쳤다. 더 이상 앉아 있을 수 없겠다는 생각이 들어서 아저씨에게 양해를 구하고 먼저 자리를 떴다. 다시 차에 앉아 그제야 내비게이션을 켜니 내가 있는 곳은 정말 산속 깊은 곳 거의 마지막 자락에 있는 어느 공장이었다. 그들은 생업으로 인해 한 달에 딱 한 번 연주 연습을 해야 하기에 밤을 새워 연습하는 사람들이었다. 앰프를 크게 켜고 밤을 새워가며 연습해야 했기에, 밴드 구성원 중 가장 외진 곳에서 일하는 사람의 회사에 양해를 구하고 연습실로 사용하는 것이었다.

집으로 돌아가려고 운전하던 중 난데없이 눈물이 쏟아졌다. 그날, 그 장소, 그 사람들, 그리고 돌아오는 길. 내가 가지고 있던 모든 생각과 세상을 바라보는 시각이 달라진 순간이었다.

처음에는 그저 궁금했다. 한국에 있는 무슬림들은 어떤 장소를 종교 시설로 사용할까? 예쁠까? 아니, 있기는 할까? 그렇게 가볍게 시작한 조사였는데 어느 순간부터 사람들이 눈에 들어오기 시작했다. 그럼에도 나도 모르게 마음 한편에는 나는 관찰자이고 무슬림은 관찰 대상이라는 생각이 있었다. 사실 이 생각은 지금도 내가 가장 철저하게 지키는 원칙이다. 우리 사회 속 무슬림, 그리고 국제사회 속 이슬람의 이야기를 철저하게 중립적이고 객관적인 시각에서 전달해야만 사람들이 정확하게 판단하고 함께 사는 세상을 만들 수 있다고 믿는다.

하지만 그 당시 내가 느꼈던 감정은 지금과 조금 다르다. 나도 모르게, 정말 나도 모르게 조금은 우월하다는 감정을 느꼈는지도 모르겠다. 단순하게 '이런 사람들이 있습니다' 하고 세상에 이야기를 전하면서 정말 실존 그 자체만 전달하고자 했다. 그리고 사람 너머에 있는, 직시하기에 불편하고 어려운 모습을 바라볼 용기는 없었던 것이었다. 아무런 의무와 책임이 없는 관망자로 있고 싶었는지도 모르겠다. 그런데 그날 내가 본 것은

 타인을 기록하는 마음

나와 같은 '사람'이었다.

한 가정을 책임지는 가장이자 한 집단을 이끄는 선배, 취미를 즐기는 한 사람, 맛집을 즐기고 가족을 생각하는 사람, 깊이 사고하고 판단하며 세상을 살아가는 사람이 있었다. 다만 나와 달리 그 사람들에게는 '이방인'이라는 수식어 하나가 더 붙었을 뿐이다.

단지 다른 국가에 살며 다른 종교를 가지고 있는 것뿐인데 나는 그들의 이야기를 들여다보는 사람이었고 무슬림은 자신의 의지와 상관없이 자신의 모습을 내보여야 하는 사람들이었다. 내가 감히 무엇이라고 다른 사람들의 삶과 생각을 논하려는 것일까 이런 생각이 들어 괴로웠다. 그럼에도 이렇게 자신의 삶을 충실히 살아가는 사람 중에 나쁜 사람이 있고 그 누군가로 인해 불행한 사람이 생길 수도 있으니 누군가는 꼭 이들 모두를 살펴보아야 한다는 생각도 함께 들었다. 관찰자에게서 벗어나 조금 더 파고 들어간다는 것이 무슬림 옆에 서서 목소리를 낸다는 의미는 아니다. 무슬림을 통해 우리 사회의 다양한 모습을 엿볼 수 있다는 확신이 들었다. 그리고 누군가는 그 작업을 해야만 할 것 같았다. 단순히 사람의 이야기를 듣고 전달하는 것에서 그 모든 관계의 심연을 꼭 들여다보고 싶다는 결심을 하게 된 순간이었다.

우리는 이슬람이라는 종교를 기저에 두고 사람을 보았다. 사실 어쩔 수 없었다. 그동안 우리가 접하고 주변에 존재하는 이야기는 이슬람을 믿는 사람들이라는 내용이었다. 그리고 역사 속에 분명히 존재한 이슬람의 부정적 이미지와 이슬람이라는 이름으로 자행된 나쁜 일들 역시 거짓이 아니었기 때문에 자연히 사람들에게 편견이 생길 수밖에 없었다. 특정 종교가 좋은지 나쁜지를 판단하는 문제가 아니라 우리에게 노출된 정보를 획득하고 자연스럽게 그 정보가 만들어준 길을 따라 그냥 그렇게 형성된 것이다.

하지만 그들 역시 사람이었다. 이슬람이 문장의 가장 앞에 놓이는 것이 아니라 이슬람이 사람 뒤에 오면 조금 관점이 달라진다. 사람인데 단지 이슬람을 믿는 사람일 뿐이라는 것이다. 이렇게 되면 우리와 함께 살아가고 있는 무슬림은 '보이지 않는 존재라거나 무서운 존재 혹은 무조건 배척하고 배제해야 하는 대상이 아니라 조금 더 세밀하고 체계적으로 다가가야 하는 사람'으로 우리의 상황이 변할 수밖에 없다.

결국 대다수의 선량한 그들 역시 나와 다르지 않았다. 우리와 다르지 않았다.

 타인을 기록하는 마음

같이
살아보자

한국에 있는 무슬림 사회를 이야기할 때는 무슬림이 앞으로 계속 증가할 것이라는 명제와 한국 사회 속 무슬림 공동체가 아직 정확한 사회적 위치를 잡지 못했다는 명제로 정리할 수 있다. 우리보다 수십 년을 앞서 무슬림을 받아들인 유럽의 경우 국가별 외국인 정책에 따라 다양한 사회문제를 경험하고 있다. 외국인 정책이라는 명칭을 사용하고 있지만 실제로 유럽 주요 국가의 외국인 정책은 이주 무슬림을 어떻게 관리하고 사회에 적응시키는가라는 질문을 해결하기 위한 노력으로 귀결된다. 특히 영국과 프랑스, 독일은 각기 다른 방법으로 이주 무슬림을 대했고 현재 다양한 모습을 띠고 있다.

유럽 사회와 무슬림의 갈등

○

독일의 경우 그동안 차별적 배제 모델을 표방해왔다. 이는 실용적 목적과 일시적 범위에서만 이주민을 수용하는 정책이다. 쉽게 말해 노동력으로 기능하는 이주민은 수용하되 이들의 정착을 지원하지 않는 것이다. 즉, 노동력 확충을 위해 일시적으로 국내로 유입되었다가 귀환해야 하는 대상으로 이주민을 간주하는 것이다. 이에 따라 개인 이주는 장려하고 가족 단위 이주는 지양한다. 차별적 배제 유형의 경우 노동자가 주로 사회 노동시장의 하부구조로 유입되는 비율이 높다. 자국민이 잘 가지 않는 산업 현장으로 유입되어 해당 국가의 노동력 결손을 채우는 것이다.

우리나라는 독일이 주로 추구하던 이주민 수용 유형과 같은 형태를 하고 있다. 이주민이 발생하면서 수없이 많은 사회 갈등이 일어나는 까닭에 이주를 어렵게 만들고 사회의 빗장을 걸어 잠그는 것을 대안으로 여기기 쉽다. 하지만 독일의 사례처럼 국가 간 다른 발전 속도와 인구수 변화는 한 국가에서는 노동력 과잉을, 다른 국가에서는 노동력 결핍을 낳는다. 문의 한쪽을 밀면 반대쪽에서는 문을 당기게 되듯이 사람들 역시 경제 활동부터 더 나은 삶에 이르는 다양한 이유와 목적으로 이동하게 되는 것이다.

　공백이 생긴 노동자층을 채우기 위해 이주 무슬림을 대거 받아들인 독일도 여러 사회문제에 직면했다. 합법적인 지위를 허락한 기간이 지나면 본국으로 돌아가리라고 판단했던 이주 무슬림은 불법적인 지위를 갖게 되더라도 자신이 아닌 다음 세대의 삶을 위해 독일에 남기 시작했다. 또 이들은 자신들만의 거주 지역을 만들어 공동체를 이루며 살기 시작했고 해당 지역에서 고유문화라고 판단되는 독자적인 삶의 모습을 강하게 유지했다. 언뜻 외부에서 보면 이슬람적인 것을 독일 사회에 강제로 이식한 것으로 보일 수도 있고 물론 사실일 수도 있지만 독일의 문화도 아니고 그렇다고 전통적인 이슬람 가치도 아닌 자신들만의 고유문화를 창출하면서 거주하기도 한다.

　시간은 흐르게 되어 있고 이주민들의 다음 세대들은 독일에서 태어나고 교육받으며 겉모습이 다른 독일인으로 성장하게 된다. 문제는 가정 내에서 혹은 무슬림이 모여 있는 종교 시설이나 문화 교육기관에서 이들이 어떤 문화를 배우며 어떤 정체성을 형성하는지 그 집단 안에 있지 않은 사람들은 알 수 없다는 것이다. 따라서 최근 독일은 독일식 이슬람을 습득한 종교 지도자만 활동할 수 있도록 허가하거나 이주민이 사회에 첫발을 내디딜 때부터 독일어부터 문화와 정체성에 이르기까지 다양한 독일 사회의 요소를 습득할 수 있는 프로그램을 만들어 진행하고 있다.

프랑스는 동화주의 모델을 표방한다. 이는 이주민의 영구 정착을 수용하되 해당 국가의 언어와 사회, 문화적 관습에 완전히 동화되게끔 유도하는 정책을 의미한다. 동화가 전제되어야만 국가 내에서 내국인과 같은 지위를 획득할 수 있는 것이다. 언뜻 보면 독일의 차별적 배제 모델보다 이주민 친화적 성격이 강해 보인다. 하지만 이주민이 이주 대상국의 문화를 수용하지 않거나 자신들만의 고유문화를 버리지 않으면 사회 갈등이 폭발적으로 나타나는 모습을 보인다. 이와 같은 사회 갈등이 가장 잘 드러나는 국가가 바로 프랑스다.

프랑스 사회와 무슬림의 갈등은 굉장히 오래전에 시작되었다. 가장 많이 알려지고 현재까지도 논란이 되는 것은 여성의 히잡 착용에 관한 논쟁이다. 공개적인 자리에서 자신의 종교성을 드러내는 것을 금지하기 때문에 무슬림 여성 역시 히잡을 착용해서는 안 된다는 것이다. 이에 무슬림 여성은 강하게 반발하며 히잡 착용을 요구하는 시위를 벌였다. 특정 지역 내 정확한 무슬림 인구수 조사가 불가능한데도 특정 지역 주지사가 무슬림 인구수를 구체적으로 언급하자 이 일이 문제되기도 했다. 해당 지역 정부에서는 무슬림으로 추정 가능한 이름을 가진 사

 타인을 기록하는 마음

람들을 기준으로 인구수를 추산했다고 밝혔고 이에 이슬람 세계에서 많이 사용되는 이름을 지니고 있지만 무슬림이 아닌 사람들이 자신을 드러내며 이와 같은 관점에 반발하기도 했다.

프랑스식 세속주의, 특히 정교분리 사상을 의미하는 라이시떼laïcité에 입각해 무슬림 이주민을 프랑스 사회로 동화시키려는 움직임은 많은 사회적 반발을 가져왔다. 이로 인해 서구권에서 발생한 이슬람 극단주의자의 테러 사건을 이야기할 때 프랑스가 가장 많이 논의되는 상황에 이르기도 했다. 현재 프랑스 정부는 이슬람 극단주의자를 더 정확하고 철저하게 색출하고 이들을 처벌함으로써 안보를 지키고 프랑스에서 살아가는 일반 무슬림 다수의 삶까지 보호하겠다는 계획을 하나씩 추진하고 있다.

영국은 다문화주의를 표방한다. 영국의 경우 인도-파키스탄 지역을 식민 지배했던 역사적 배경으로 말미암아 파키스탄 출신의 이주 무슬림이 다수를 차지하고 있다. 현재 우리나라에서 벌어지는 모스크 건립 갈등과 유사한 갈등을 경험하기도 했고 이들과 공존하는 방법을 찾기 위해 노력하기도 했다. 결과적으로 영국의 경우 인종이나 종교와 관계없이 개인 능력과 역량, 사회 적응에 따라 영국 사회에서 살아갈 기회를 제공하는 것을 목표로 했다. 이와 같은 영국의 정책을 다문화주의라 이야기한다. 영국 외에도 캐나다, 미국 등의 국가가 목표로 하는 모델로 이주민 문화와 관습을 용인하면서 자국으로 통합되기 위한 시도를 진행한다. 최근에는 다문화주의 모델이 이주민 수용에 있어 가장 적합한 모델이 될 수 있다고 평가되면 다수의 국가가 다문화주의 모델을 시도한다. 하지만 각 국가 내 국민의 정체성과 의식, 역사적 배경 등 다양한 요소가 복합적으로 작용하면서 각기 다른 양상이 나타날 수 있기에 지속적인 변화 추이를 지켜보는 상황이다.

한국의 경우 현재 우리와 함께 살아가고 있는 이주 무슬림은 1990년대 고용허가제를 시작으로 많이 유입되었다. 급격한 산업화를 이루어내고 경제가 발전하기 시작하면서 독일과 유사하게 한국 사람들이 취업하려 하지 않는 노동력의 공백이 발생했다. 이에 정부는 여러 차례 제도 변경을 거쳐 현재의 고용허가제를 만들었다. 그리고 1990년대부터 주변 국가에서 이주노동자를 받기 시작했다. 개인에 따라 다르지만 적법한 절차를 거쳐 한국에 입국하면 5년에서 10년 정도 거주할 수 있다. 거주기간이 끝나면 본국으로 돌아가서 재절차를 밟아 재입국이 가능하다. 많은 국가에서 노동자가 유입되었고 이들 중 대표적인 이슬람을 많이 믿는 국가는 동남아시아의 인도네시아, 중앙아시아의 우즈베키스탄, 카자흐스탄, 키르기스스탄, 타지키스탄,

 타인을 기록하는 마음

남아시아의 파키스탄, 방글라데시 등이다.

이들이 이주한 초기 한국 사회는 이들의 국가가 어떤 나라인지 그리고 이들이 믿는 종교는 어떤 종교인지조차 제대로 알지 못하는 상황이었다. 우리에게 이슬람이나 이슬람 국가는 중동 지역으로 한정되어 있었다. 실제로 이주 초기 할랄 인증을 받은 고기를 구할 수 없는 탓에 고기를 먹기가 어려워지자 파키스탄 출신 이주민들이 직접 닭을 키워 도축해 먹었다는 기록이 남아 있다. 최근에는 서울 이태원에 이슬람 문화거리가 조성되어 있기도 하고 지방 도시 곳곳에는 아시아 지역에서 수입한 음식 재료와 생필품을 파는 상점이 많이 생기면서 한국 사회에서 살아가는 다양한 아시아 지역 출신 이주민의 삶이 비교적 편해지고 있다.

오일쇼크를 경험하고 중동 건설 붐을 통해 외화를 벌어들이면서 우리나라 내 이슬람은 경험과 이해를 바탕으로 알려진 존재라기보다는 경제적 이해관계를 위한 교류 수단으로 먼저 자리 잡았다. KMF는 이런 사회적 분위기 속에서 국가 지원을 토대로 현재 이태원 성원이 자리한 대지를 지원받고 이슬람 관련 공동체 생활을 시작했다. 하지만 이는 국가기관 주도 정책으로 실제 국민의 삶에는 이슬람에 관한 이야기가 정확하게 직접적으로 전달되지 않았다.

이주 노동자들의 한국 유입

이런 상황 속에서 1990년대가 지나면서 이주 노동자가 빠르게 증가했고 언어적 차이부터 식문화 차이로 인한 갈등에 이르기까지 현장에서 부딪혀가면서 우리 사회 속에 이슬람 공동체가 자리 잡았다. 2000년대가 지나면서는 한국으로 유학을 오거나 한국 기반의 다국적 기업에 취업해 입국하는 무슬림이 늘어났다. 사회계층이 다르기 때문에 이들 다수는 기존에 존재하는 무슬림 공동체와 융합되는 경우가 드물고 자신들만의 새로운 공동체를 만들고 있다.

노동자 계층이 많기 때문에, 우리나라 이주 무슬림의 가장 큰 특징 중 하나는 남성의 비중이 절대적으로 높다는 것이다. 여성의 경우 그 수가 적기 때문에 기본적으로 사회 전면에서 활동하거나 공동체 생활을 지속해서 하는 일은 드물다. 어쩌면 이런 인구의 비중도 우리 사회에서 무슬림의 이미지를 결정하는 데 중요한 역할을 했을 가능성이 존재한다.

현재 우리나라 내 무슬림 종교 시설은 모든 규모를 포함해 추산했을 때 150~200여 개로 본다. 문제는 종교 시설 개수만큼 정식으로 교육받은 이슬람 종교 지도자가 충분히 존재하지 않다는 것이다. 실제로 우리나라에서 종교 활동을 공식적으로

 타인을 기록하는 마음

하기 위해서는 종교 비자를 취득해야 한다. 하지만 실제로 종교 비자를 취득한 수가 많지 않다. 물론 이슬람은 공식적으로 성직자가 존재하지 않는다. 종교적 학식이 뛰어나고 공동체 구성원의 동의와 지지, 존경을 받는 인물이 공동체의 종교 활동을 이끈다. 그렇기에 우리나라에서 종교 생활을 하는 무슬림들은 큰 불편 없이 종교 생활이 가능하다. 무슬림 입장에서는 종교 생활에 어느 정도 자율성이 보장되는 것이고 우리 입장에서는 종교 지도자 자체가 끝없이 늘어나는 부담이 없다는 것을 의미한다. 하지만 다른 측면에서는 정식으로 교육받은 종교 지도자가 아니기 때문에 얼마나 정확한 종교 해석을 전달하고 있는지, 이 과정에서 문제가 생기는 것은 아닌지와 같은 다른 측면의 문제를 제기하기도 한다.

결국 무슬림 종교 시설은 무슬림이 사회에서 자신의 정체성을 드러내면서 집단 활동을 하는 가장 기본적인 공간이기 때문에 이 종교 시설과 관련한 사회 갈등이 가장 먼저 사회로 터져 나오는 것이다. 아울러 종교 시설을 살피고 이들 구성원과 우호 관계를 맺는 것 역시 잠재된 위험을 감지하고 효과적인 공존을 위한 물꼬를 틀 수 있기도 하다. 유럽 사회 역시 무슬림이 모이는 공간과 그 주변에 있는 원주민 간의 갈등이 어떤 형태로든 존재해왔고 이를 해결하기 위한 노력도 꾸준히 있었다.

우리나라와 비슷한 독일의 경우 무슬림 공동체 수용과 운영 과정에서 이슬람 종교 지도자를 정부에서 관리하는 정책을 시행하고 있다. 독일적인 사고를 할 수 있고 독일 사회와 융화한 이슬람을 알리고 사람들을 이끌 수 있는 종교 지도자에 한해서만 활동할 수 있도록 제재를 가하면서 독일 사회로 평화적인 통합을 이룰 수 있도록 돕는 것이다. 다만 이슬람이라는 종교의 특성으로 인해 이와 같은 계획이 얼마나 실효성이 있을까에 대해서는 학자마다 의견이 다르다. 하지만 이주 무슬림의 정체성인 이슬람을 다루는 방법과 사회 적용이 비무슬림이 다수인 사회에서 무슬림이 사회 구성원으로 안착하는 데 가장 큰 도움이 될 것이라는 점에는 이견이 없다. 따라서 독일이 시도하는 정책의 결과와 효용성에 귀추가 주목된다.

결과적으로 현재 우리나라의 이주 무슬림 사회와 이를 둘러싼 갈등, 현주소는 유럽의 초기 정착 과정과 유사하다. 독일과 가장 유사하기는 하지만 프랑스나 영국에서 나타난 모습과 일부 유사점을 찾을 수 있기도 하다. 가장 중요한 것은 유럽 사회의 사례와 닮았다고는 하지만 우리나라만의 여러 사회적 요소가 복합적으로 작용해 독특한 관계성을 만들어가고 있다는 점이다. 외국인에게 배타적인 문화, 노동을 바라보는 가치의 차이, 기독교 국가는 아니지만 기독교적 문화가 강한 특성 등 한국 사회가 가지고 있는 고유문화에서 오는 갈등이 점점 터져 나오고 있다. 앞으로도 이전 사례를 참고할 수는 있겠지만 한국 사회를 깊이 이해하고 알아야만 해결의 실마리를 찾을 수 있는 문제가 발생할 가능성이 크다.

우리나라뿐만 아니라 우리나라보다 더 앞서 이주 무슬림을 수용한 국가는 다양한 갈등을 경험했다. 지엽적 갈등으로부터 세계를 경악하게 한 테러에 이르기까지 수많은 경험을 쌓아왔다. 우리 역시 이들 사례를 살펴보고 기록하며 우리 사회에 가장 적합한 이주 무슬림 관련 정책을 만들어가야 하는 갈림길에 서 있다. 그렇다면 결과적으로, 우리 사회에 지속해서 유입될 이주 무슬림과 우리는 어떤 관계로 살아가야 할까.

이주민들은 어떻게 문화에 적응하는가

○

캐나다의 심리학자 존 W. 베리는 1997년 이주민의 문화 적응 과정을 4가지 유형으로 분류했다. 유형을 평가할 수 있는 기준은 두 가지 질문에서 시작한다. 이주민이 자신이 원래 가지고 있는 고유문화를 유지하는가와 이주민이 이주한 지역의 문화를 수용하는가다. 질문에 대한 답변을 기준으로 통합, 동화, 분리, 주변화로 유형이 나뉜다. 이주민이 고유문화를 그대로 유지하면서 이주한 지역의 문화까지 수용하는 경우 통합 상태로 분류한다. 이주민이 고유문화는 그대로 유지하지만 이주한 지역의 문화를 받아들이지 않는 경우를 분리 상태로 본다. 이주민이 고유문화를 유지하지 않은 상태로 이주한 지역의 문화를 수용하는 것을 동화 상태, 고유문화를 유지하지 않으면서 이주한 지역의 문화 역시 수용하지 않는 것을 주변화 상태로 분류한다. 이주를 받아들이는 입장에서는 통합과 동화 상태를 원하는 것이 자연스러울 것이고 이주를 진행하는 입장에서는 이주 목적과 이주한 국가의 사회 분위기 등에 따라 자신들의 사회적 지위와 활동상이 달라질 것이다.

이와 같은 분류 기준을 토대로 판단해보면 우리나라에 거주하고 있는 이주 무슬림의 경우 분리 혹은 주변화 상태로 판단된다. 일부 외국인의 경우 한국 사회와 통합되었거나 동화 상태를 보이고 있지만 이주 무슬림, 특히 이주 노동자의 경우 한국 사회와 다소 떨어져 있는 모습을 보인다. 기본적으로 한국 사회는, 밀려들어오는 이주민을 한국 사회에 언젠가 정착하게 될 대상이 아니라 본국으로 귀환하게 될 귀환의 대상으로 간주하고 이들에 대한 정책과 법적 규제를 시행했다. 따라서 이주민들은 한국 사회에 통합되거나 동화되는 것보다 자신들의 삶의

     타인을 기록하는 마음

형태를 그대로 유지하되 노동 대가에 따라 경제적 이득을 얻고 본국으로 돌아가는 계획을 갖고 이주를 진행했다.

이들 중에는 한국 사회 속 완전한 정착을 시도하는 사람들도 존재한다. 한국인과 결혼하기도 하고 본국의 가족들과 집단 이주를 진행하기도 한다. 그럼에도 아직은 다수가 자신들만의 공동체를 구성한다. 실제로 출신 국가를 중심으로 강하게 구성된 공동체는 때로는 공동체 간 갈등을 일으키기도 한다. 본국에서 벌어지는 정치적·사회적 갈등이 그대로 투영되어 한국 사회에서까지 집단 갈등이 빚어지기도 한다. 또한 위법 행위를 숨겨주거나 공동체 속 고유문화나 위계 때문에 밖으로 알리지 못한 채 심각한 갈등 상황을 맞기도 한다. 흔히 이주민이 증가하면 사회에서 발생하는 범죄율이 높아질 것으로 짐작하지만 실제로 그 속을 들여다보면 이주민으로 인해 발생하는 강력 범죄는 이주민 공동체 내에서 벌어지는 사례가 대부분이다.

혹자는 어차피 우리와 다른 사람이니 그들끼리 모여 사는 것이 뭐 어떠냐고 이야기하기도 한다. 하지만 이주민들이 우리 사회와 완전히 분리되거나 이슬람도 한국도 아닌 자신들만의 집단을 형성하며 주변화가 되는 것은 사람들이 그토록 우려하는 슬럼화와 게토화가 진행되는 것으로 우리 사회 속에 섬이 생기는 것과 같다. 결국 이주민을 수용하고 함께 살아가야 하는 우리 입장에서는 이들을 무조건 우리의 일원으로 수용할 수도 없고 그렇다고 섬을 만들도록 내버려둘 수도 없는 상황이 된 것이다. 결국은 함께 살아가야 하는 상황에서 모두가 만족하는 상황을 만들 수 있도록 아슬아슬한 줄타기를 할 수밖에 없다.

서산에 있는 어느 작은 예배소를 방문했을 때 있었던 일이다. 해당 예배소는 지역의 작은 재래시장에 자리한 건물 2층에 있었다. 건물 1층에는 우리나라 분들이 운영하는 작은 상점이 있었고 2층에는 인도네시아 출신 무슬림을 중심으로 하는 예배소가 있었다. 1층 상점을 운영하는 한 분이 예배소 관리를 도우며 무슬림과 좋은 관계를 유지하고 있었다. 해당 시설의 무슬림은 1층 상점 사장님을 모셔와 함께 이야기하자고 웃으며 말할 정도로 돈독한 관계를 유지하고 있었다.

사장님께 어떻게 하다가 무슬림을 돕게 되었는지 물었더니 그간의 이야기를 들려주셨다. 사장님에 따르면 처음 해당 건물 2층에 외국인이 많이 드나들게 되었을 때는 본인은 물론 다수 시장 상인이 예배소 존재 자체에 불만을 품게 되었다. 불편한 감정이 첫 번째였고 무섭고 성가시다는 기분이 지배적이었다. 그래도 어찌 되었든 세를 들었으니 일정 동안은 함께해야 하는 상황이고 누구인지 알아보자는 생각에 무슬림을 직접 만나기 시작했다. 잘 통하지 않는 말이었지만 이런저런 이야기를 하다 보니 나쁜 사람이 아니라는 생각이 들었다. 오히려 어딘지 모르게 순박하고 착한 사람들이라는 생각이 들어서 도와주고 싶었고 그렇게 인연은 시작되었다.

문제는 주변 상인들이었다. 재래시장이라는 특성상 상인분들이나 장 보러 오는 분들 모두 어느 정도 나이가 있는 분들이었고 낯선 외국인이 오가자 불편한 감정을 내비치기 시작했다. 무슬림과 우호 관계를 맺은 사장님은 해당 예배소의 무슬림들에게 다수의 무슬림이 모이는 날에 주변 청소라도 하는 것이 어떻겠느냐고 권유했다. 다행히 예배소의 무슬림들은 사장님의 제안을 흔쾌히 받아들였고 예배를 드리러 모이는 날에는 주변 청소를 진행했다. 또 예배소에서 음식을 해 먹을 때나 물건을 사야 하는 일이 생기면 주변 상인들의 상점을 적극적으로 활용했다. 이들의 모습에 주변 상인들도 마음의 문을 열었고 무슬림을 향한 적대적 감정이 많이 줄었다고 했다. 사실 이런 모습을 서산에서만 볼 수 있었던 것은 아니다. 이외에도 지역 주민과 소통하며 마찰을 최소화하려는 모습을 자주 찾아볼 수 있었다. 우리 사회와 완벽한 통합을 꿈꾸는 것은 아니지만 그 접점 어딘가에서 공존하려고 노력하는 모습이었다.

이주민과 우리 사회의 소통과 결합은 다양한 모습을 띤다

○

앞서 언급한 것처럼 우리 사회의 무슬림 공동체는 사회 바깥 테두리에 존재한다. 단순히 인지적 위치뿐만 아니라 실제로 이들이 거주하는 지역 역시 우리 사회에서 낙후되거나 쇠락하기 시작한 곳이 주를 이룬다. 이유는 단순하다. 이들이 무질서를 선호한다거나 무언가 음흉한 계획이 있기 때문이 아니다. 임대료가 싸기 때문이다. 경제활동을 하고 있지만 대다수가 본국으로 대부분의 소득을 송금하고 한국에서는 최소한의 지출을 하기 때문에 임대료가 싼 곳을 찾아간다. 따라서 새로운 도심의 발달로 쇠락하기 시작한 구도심이나 한국인들이 많이 없고 인구가 감소하기 시작하면서 임대료가 하락하고 공실이 많은 지역으로 외국인이 유입되는 것이다.

이런 까닭에 예상외로 이주 무슬림 유입을 해당 지역의 임대업자나 주민들은 반기기도 하고 어떤 편견도 없이 수용하기도 한다. 이주 무슬림이 유입되면서 공실이었던 방이 나가고 사람들이 모이면서 주변 상권이 다시 움직이기도 한다. 물론 외국인이라는 특성 때문에 소위 '아시안 마트'라고 불리는 외국 상품 취급 상점이 생기기도 한다. 외국인을 위한 휴대전화 가게, 여행사, 정육점, 식당 등이 들어서기도 한다. 하나둘씩 생기는 외국 관련 상점들이 모여 상권을 형성하는 사례도 있다. 시각에 따라서 이런 상권의 형성은 내국인 경제 상권의 붕괴라 볼 수도 있지만 또 다른 측면에서는 쇠락하고 붕괴하던 지역을 다른 의미로 다시 살려내는 사례로 볼 수도 있다.

자신이 처한 상황과 입장에 따라 이주민과 우리 사회의 소통과 결합은 다양한 모습을 띤다. 마치 시각장애인이 묘사하는 코끼리의 모습이 각기 달랐던 것처럼 이주 무슬림 공동체 유입과 정착, 발달은 여러 측면을 갖고 있다. 결과적으로 이번에도 역시 또 한 번 우리는 서로를 알아야 한다는 결론을 만난다. 일방적인 양보가 아니라 이익에 따라 움직이는 현대사회의 원리에 맞추어 서로가 허용할 수 있는 부분을 읽어내고 이를 통해 모두가 살아남는 선택을 해야 한다.

강둑이
터지듯이

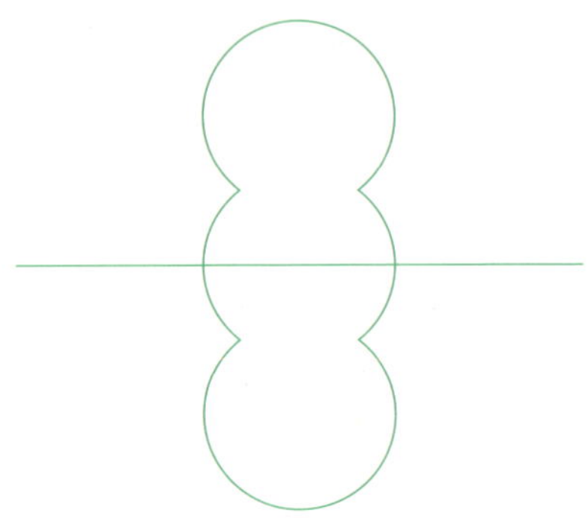

아이를 낳는 것은 힘들다. 아이를 열 달 동안 배 속에 품고 있는 것도 힘들고, 세상 밖으로 내어놓고 성장의 한 걸음 한 걸음을 함께하는 것도 이루 말할 수 없이 힘들다. 배 속에 아이가 있을 때는 엄마의 행동 하나가 아이에게 영향을 줄까 두렵고, 아이가 세상에 태어난 후에는 육아라는 첫 경험으로 아이에게 나쁜 일이 생길까 두렵다. 아이가 학교에 가면 사회성이 잘 생길지, 학업은 잘 따라갈 수 있을지, 세간을 떠들썩하게 하는 학교 폭력의 피해자가 되지는 않을지 매 순간 걱정과 두려움이 자리 잡고 있다. 그렇게 자라난 아이가 당당하게 자신이 원하는 성취를 이룰 수 있을지, 사회의 구성원으로 자리매김할 수 있을지 수많은 걱정이 지나고 나면 또 다른 차원의 새로운 걱정이 부모의 삶을 채운다. 가정을 이루고 아이를 낳아 키우는 모든 과정은 축복과 행복임이 분명하다. 하지만 그 행복만큼 수반되는 걱정과 우려, 고통과 두려움 역시 그 크기를 가늠할 수 없기에 우리는 사회 공동체의 역할을 기대한다. 그리고 그 모든 조건과 상황이 상상하던 기대와 다를 때 우리는 많은 것을 포기할 수밖에 없다. 더 이상 "우리 때는 더 했어" "다 자기 먹을 숟가락은 가지고 태어나"라는 무책임한 말처럼, 사람들의 인생을 뒤흔드는 일을 무작정 선택하게 할 수 없는 것이다. 사람들은 변했고 우리 사회는 새로운 모습을 맞이하게 되었다.

교과서에서 배우고 상상만 하던 인생의 많은 순간을 걷고 있노라니 생각보다 단순한 사실 하나가 있다. 우리나라의 인구 문제는 심각하다. 그리고 앞으로도 크게 변할 것 같지 않다. 엄청난 학자가 아니더라도, 미래를 예언하는 능력이 없어도 이 사실은 너무나 분명하고 어린아이조차 깨달을 수 있는 것이다. 우리나라의 출산율은 2021년 유엔인구기금UNFPA이 발표한 〈세계 인구 현황 보고서〉에서 198개국 중 198위로 꼴찌를 기록했다. 한국의 여성이 평생 낳을 것으로 예상되는 아이 수는 1.1명에 불과했다. '하나만 낳아 잘 기르자'라고 외치던 1980~1990년대 구호는 불과 30년 만에 인구 위기로 다가온 것이다.

인구의 감소, 더 정확하게는 노동이 가능한 젊은 인구의 감소는 엄청난 사회적 파장을 일으켰다. 인구가 감소하니 고등교육의 문은 넓어졌고 거의 모든 인구가 대학 교육 이상의 높은 교육 수준을 갖고 있다. 세계에서도 손에 꼽힐 정도로 발달한 나라가 된 우리나라, 그 안의 수많은 좋은 기업에서 일하기를 원하는 사람들은 고된 취업 과정을 뚫고 조금 더 좋은 곳에 취업하기를 원한다. 고되고 힘든 일을 해야 하는 여러 산업 현장은 사람을 구하기 힘들어졌다. 당장 기계를 돌리고 회사를 운영해야 하는데 일할 사람이 없는 것이다. 농업기술이 발달하면서 농업은 대규모 산업으로 성장했지만 사람의 손길이 닿아야만 하는 부분을 채워줄 사람들이 없어졌다. 사람들은 점점 더 서울을 향해 올라오기 시작했고 지방은 빈 곳이 되어갔다. 하지만 그곳에도 누군가는 남아 있어야 했다. 자리를 채우고 일을 하며 삶을 살아가야만 했다. 그렇게 해야만 이 높게 쌓아 올린 젠가 게임에서 아래 칸의 블록이 빠져 모든 것이 무너져내리는 상황을 막을 수 있었다.

교육 현장은 어떠한가. 학생들이 급속도로 줄어들고 있다. 학령인구가 줄어들자 원하는 대학을 진학하지 못해 다시 시험을 치는 학생은 있어도 대학 정원이 모자라서 다시 입시를 준비하는 학생은 찾아보기 힘들어졌다. 사람들이 가고 싶어 하는

 타인을 기록하는 마음

대학은 서울과 일부 수도권에 몰려 있고 지방대학은 고사 위기를 맞았다. 지방 거점 국립대학과 사립대학이라 이름을 붙이며 학생들을 유치하고 분산시키려 노력하지만 너무나 탄탄하게 자리 잡은 대학 서열과 수도권 쏠림 현상은 한두 개의 정책만으로 해결하기에는 역부족이다. 이제 전국에 퍼져 있는 대학은 생존을 위한 선택을 할 수밖에 없는 상황에 놓였다.

산업과 교육 현장은 외국인을 선택했다

○

누구도 계획하지 않는 이런 상황 속에서 과연 누가 가장 완벽한 대안을 내놓을 수 있을까. 산업 현장과 교육 현장, 이들 모두의 선택은 외국인이었다. 고용노동부는 한국에서 일할 수 있는 시스템을 구축했다. 한국에서 일하기를 원하는 외국인이 한국 사회에 들어와 법이 허락하는 동안 거주하고 일하며 경제활동 할 수 있는 체계적 시스템을 만들었다. 한국어를 할 수 있어야 하고 자신이 할 수 있는 일도 뚜렷해야 한다. 무작정 한국에 들어와 일자리를 구하는 것이 아니라 입국 이전부터 자신의 일자리가 보장되어 있어야 한다. 물론 모든 노동자가 다 합법적인 지위로 한국 사회에 머무는 것은 아니다. 모든 시스템과 법망을 뚫고 불법 노동자 신분으로 산업 현장을 채우고 있는 사람들 역시 수십만 명에 달한다. 결국 불법 노동자는 줄여나가되 한국 사회에 부담이 되지 않는 체계를 갖추어 외국인 노동자를 고용하는 것은 우리 사회의 과제가 되었다.

교육 현장 역시 해답은 외국인이었다. 처음에는 한국어 교육으로 시작했다. 다행히 한류가 확산하면서 한국에 대한 관심이 높아졌다. 한국어 교육으로 시작된 외국인 대상 교육은 우리나라가 앞서 있다고 손에 꼽히는 이공계 계열로 확장되었다. 학부에서 시작해 석·박사과정을 위해 한국으로 이공계 계열을 전공하러 들어오는 외국인 유학생 수가 증가하기 시작했다. 그들 중 누군가는 한국의 기술력을 습득해서 본국으로 돌아가 본국의 발전과 번영에 힘쓰고자 했다. 또 누군가는 한국 사회에 정착해서 새로운 삶을 꿈꾸기도 했다. 그렇게 채워진 외국인 학생을 지도하기 위해 대학은 외국인 교수를 임시로라도 채용할 수밖에 없었다. 약 20년의 지난 세월 동안 우리 사회의 모습은 참 많이도 변했다.

한국을 찾는 외국인들의 주요 국가는 중국, 베트남과 함께 중앙아시아, 남아시아, 동남아시아 국가가 주를 차지하고 있다. 중국과 베트남을 제외하면 무슬림이 주를 이루는 국가들이다. 그렇다면 이들 국가 출신 이주민은 왜 우리나라를 선택하는 것

 타인을 기록하는 마음

일까. 우리가 이주를 선택한다고 가정해보자. 내가 태어난 땅을 벗어나 최대한 오랫동안 살아갈 나라를 선택한다고 한다면 아마도 다양한 요소를 복합적으로 고려할 것이다. 언어는 통하는지 혹은 그 나라 언어를 구사할 수 있는지, 문화는 비슷한지, 사람들의 종교는 같은지, 지리적으로 가까운지, 경제적으로 확실한 이득을 얻을 수 있는지 등 다양한 요소를 복합적으로 고려해 선택할 것이다.

우리나라에 거주하는 이주 무슬림의 경우 수많은 나라 중 우리나라를 이주 대상국으로 꼽은 이유를 물을 때 예상외의 답변을 내놓았다. 사실 무슬림이 다수인 국가에서 볼 때 우리나라는 말이 통하는 곳도 아니고 문화가 같은 곳도 아니다. 이슬람이 널리 퍼져 있는 국가도 아니다. 그럼에도 우리나라를 선택하는 이유는 분명 존재할 것이었다. 단순히 경제적 목적이라면 일본이나 유럽, 북미 국가처럼 다른 선택지가 있는 상황이다. 무슬림들의 답은 놀라웠다.

"안전해서요."

길을 걸어갈 때 사람들이 자신을 신기하게 바라볼지언정 와서 때리거나 심한 경우 아무 이유 없이 죽이지는 않기 때문이라고 했다. 한밤중에 거리를 걸어도 큰 위협을 느끼지 않는 나라, 카페 테이블 위에 지갑과 노트북을 올려놓고 자리를 비워도 아무도 가져가지 않는 나라이기 때문이라 했다.

그들의 대답을 들으면서 '우리나라는 참 살기 좋은 나라'라는 애국심이 차올랐다. 동시에 '이 시대를 살아가는 무슬림이 감당해야 하는 세간의 시선은 도대체 어떤 모습일까'라는 안타까움이 들었다. 놀랍게도 우리나라는 안전하기 때문에 오고 싶은 나라였다.

우리 정부가 운영하는 외국인 채용 관련 체계는 정교할 뿐만 아니라 운영도 잘되는 사례로 알려져 있다. 정확한 시스템을 바탕으로 운영되기 때문에 오히려 마음만 먹고 노력하면 브로커 비용과 같은 부수적인 비용 없이 입국할 수 있고, 이런 점이 오히려 외국인들에게는 매력적인 취업 시장으로 여겨진다고 했다. 유학을 선택하는 학생들 역시 한국의 학술적 능력이 높다는 사실을 익히 알고 있었고, 비용적 측면을 고려했을 때 유럽이나 북미로 진학하기 어려운 상황에서 한국은 매력적인 선택지가 되는 것이었다.

상호 교환이 바탕이 되는 공존을 위하여

○

언론에 한국 내 무슬림 관련 기사가 보도되거나 갈등을 보도하

     타인을 기록하는 마음

는 내용에 달리는 댓글을 보면 "받지 말아라" "다 내쫓아버려라"라는 말이 참 많다. 실제로 갈등 현장에 내걸리는 플래카드나 전단 역시 쫓아내고 없애자는 내용이 다수다. 사람들이 실제로 무슬림에게 찾아와 "너희가 싫으니 나가라"라는 말을 직접 하기도 했고 운영하는 상점 문에 밤을 틈타 "너희 나라로 돌아가"라는 말을 쓴 종이를 붙여놓기도 했다. 이런 말을 하는 분들의 심정이 한편으로는 이해되면서도 다른 한편으로는 궁금하기도 하다. 정말 이들이 떠나고 나면 이들의 떠남을 주장한 사람들은 대안이 있는가? 진위는 알려지지 않았지만 러시아의 스탈린이 말했다고 전해지는 구절이 있다. "죽음은 모든 문제를 해결한다. 인간이 없으면 문제도 없다." 이 말을 처음으로 기록한 소설가 역시 "이 말의 정확한 출처는 없다"라고 시인했지만 이 구절은 스탈린의 무자비한 성격을 보여주는 상징적인 문구로 자주 사용된다.

존재하지 않으면 문제가 없다. 모든 것이 맞는 사람들끼리 모여 살면 힘든 일도, 갈등과 분쟁이 발생할 일도 없다. 하지만 삶이 그렇게 단순하게 돌아가지 않는다는 것을 이미 우리는 개인사의 관점에서도 이 큰 사회와 국가의 관점에서도 너무나 잘 알고 있다. 무조건적인 수용을 주장하는 것이 아니다. 공존을 이야기하지만 이는 상호 교환이 바탕이 된 공존을 해야 한다는 것이다. 그리고 이 모든 과정을 진행하기 위해서는 정확하게 알아야 한다. 그래야 그다음을 이야기할 수 있다.

가끔 우리나라가 난민을 수용하거나 다른 나라에 무상으로 원조하고 재건을 돕는 일을 두고 우리나라 안에도 힘든 사람이 많고 할 일이 태산인데 왜 필요도 없는 일을 해야 하는가에 의문을 제기하는 경우가 있다. 산업 현장과 교육 현장에서 느낄 수 있듯이 우리나라는 정말 놀랍게 성장했고 다른 나라 사람들이 오고 싶어 하는 매력적인 나라가 되었다. 식상한 표현이지만 6·25 전쟁 직후 세계에서 가장 가난한 나라로 뽑히며 수많은 나라가 진행하는 원조 대상이었던 나라가 이제 세계를 주도하는 국가 중 하나로 성장하게 된 것이다. 국가의 성장은 단순히 '아, 우리나라 참 멋있는 나라구나!'라는 자부심에 취하는 것으로 그치는 것이 아니다. 세계를 주도할 수 있는 나라로 발전했다는 것은 우리가 수행해야 하는 역할이 많아진다는 것이다. 힘들고 어려운 곳을 그냥 지나치지 않고 우리가 할 수 있는 역할을 하는 것. 이는 어쩌면 책임이기도 하지만 전 세계 몇 안 되는 국가만 할 수 있는 즐거운 권리이기도 하다. 그리고 이 모든 역할의 수행은 다시 우리의 발전과 이익으로 돌아오게 될 것이다.

이주민을 배척하는 것이 아니라 수용하는 것, 지금껏 그 누

 타인을 기록하는 마음

구도 완벽하게 해내지 못한 공존의 과정을 한번 실현해보는 것
역시 어쩌면 우리이기 때문에 할 수 있는 일이지 않을까. 말로
는 투덜거릴지 몰라도 결국은 비행기에서 내리는 아이들의 손
에 따뜻함을 느낄 수 있는 인형을 선물해주고 아이들에게 박수
를 보내는 우리의 모습이 어쩌면 밀어내고 알고 싶어 하지 않
는 무슬림과의 공존을 모색하기 위한 시작점이 될 수 있지 않
을까.

남은 거리
0미터 혹은 무한대

이주 무슬림은 우리와 함께 살고 있었다. 그동안 우리 눈에 보이지 않았던 이주 무슬림은 어느새 우리 눈앞에 다가왔다. 이들은 조용한 이방인이었다. 그리고 이제 우리에게 자신들의 목소리를 들려주기 시작했다. 사회 속에서 천천히 성장해서 스며들듯 우리 사회와 통합되거나 동화되었다면 참으로 좋았으련만, 생각보다 서로가 얼굴을 마주하는 시간이 빨리 찾아왔다. 그 짧은 시간 동안 우리 안에는 정말 많은 편견과 오해가 생겨났다. 조금만 다시 생각해보면 사실일 리 없는 이야기들이 사실로 포장되어 퍼져나갔다. 무조건적인 배척과 배제가 우리에게 남기는 것은 무엇일까. 우리의 마음에 들지 않는다고 우리 사회에 들어오지 못하게 하고 모두 돌려보낸다면 우리 손에 남아 있는 것은 무엇일까.

《타인을 기록하는 마음》을 처음 시작할 때 세운 계획은 조우, 갈등, 공존이라는 키워드를 토대로 각 부를 같은 분량으로 구성하는 것이었다. 야심 차게 계획을 세우고 글을 쓴 뒤에 내가 받은 첫 피드백은 "공존이 갈등 같다"였다. 그 말을 듣고 나서야 머리를 '탁' 칠 수 있었다. 어딘가 불편하고 어색한 느낌은 바로 공존 때문이었다. 아직 우리는 공존의 방법을 모른다. 아직 거기까지 도달해보지 못했다. 그래서였을까. 이제야 타인과 마주하고 갈등을 겪고 있는 상황인데 공존을 이야기하자니 어딘지 모르게 책 구성의 균형이 맞지 않았다. 그래서 그대로 두기로 했다. 정확하게 균형 잡힌 모습으로 떨어지지 않는 책의 구성이 어쩌면 우리가 지금 통과하고 있는 '조용한 이방인'과 우리 사회의 모습을 가장 적나라하게 보여주는 것이 아닐까 하는 생각이 들었다.

결국은 우리의 선택이다. 물건을 살 때조차 정보를 이리저리 살피고 심지어 사용한 사람들의 후기를 꼼꼼히 보고 선택하는 세상에 살아가고 있는 우리다. 우리가 처한 상황, 앞으로 우리가 마주할 미래, 국제사회의 변화처럼 많은 요소를 살피고 공존할 수 있는 사회를 만들기 위한 노력을 해야 한다.

인정에 기대고 눈물에 호소하며 무조건적인 수용과 이해를 바라는 것이 아니다. 결국 우리나라에 거주하는 이주 무슬림도 각자의 목적이 있기에 이곳까지 온 것이고 우리 역시 목적에 따라 이들을 수용한 것이다. 앞으로 우리 사회가 어떤 모습을 보이게 될지는 우리와 비슷한 길을 걸었던 다른 나라를 통해 조금은 빨리 알 수 있을 것이다. 문제는 누가 이를 이야기할 것인가다. 우리 마음에 불편하고 구태여 듣지 않아도 현재의 삶에 문제가 없으니 외면하고 싶은 이야기를 누가 할 것인가. 지금은 외면해도 아무런 일이 일어나지 않지만 언젠가 반드시 다양한 사회의 문제로 우리를 찾아오게 될 문제다. 이미 저 멀리에서 반환점을 돌아 달려오고 있을 수많은 문제에 대해 우리가 조금 더 빨리 생각하면서 해결 방법을 튼튼하게 만들어놓는다면 이주 무슬림과 그래도 같이 살아갈 만하지 않을까.

사실 처음에는 나의 여정이 한국 속 무슬림 버전의 '나의 문화유산답사기'가 되기를 바랐다. 하지만 현실은 그리 간단하지 않았다. 단순히 '있구나, 아름답구나, 신기하구나'에서 끝날 문제가 아니었다. 들여다보니 보였고, 보고 나니 앞으로가 예상되는 상황에서 왜 우리는 이슬람과 무슬림이 싫은가라는 질문에서 시작해 우리가 직접 대면하고 싶어하지 않았던 타인을 향한 불편한 감정이 숨어 있는 심연을 들여다보아야 했다. 결국은

 타인을 기록하는 마음

우리의 마음, 우리의 수용성, 우리의 시스템, 우리의 사회 안전
망을 논하는 것이다.

　　이방인과 함께 살아야 하는 현실을 바꿀 수 없다면 우리가
공존의 방법을 찾아야 한다. 이방인 곁에 잠시 서보는 것이다.
결국 우리에게 남은 과제는 마음으로 공감하고 이성으로 판단
하는 것이지 않을까.

타인을 기록하는 마음

이수정 지음
ⓒ 이수정, 2022

초판 1쇄 인쇄일 2022년 1월 24일
초판 1쇄 발행일 2022년 2월 22일

ISBN 979-11-5706-867-8 (03300)

만든사람들
책임편집   임채혁
디자인   형태와내용사이
마케팅   김성현 김규리
인쇄   아트인

펴낸이	김현종
펴낸곳	㈜메디치미디어
경영지원	전선정 김유라
등록일	2008년 8월 20일 제300-2008-76호
주소	서울시 중구 중림로7길 4
전화	02-735-3308
팩스	02-735-3309
이메일	dacapoian@medicimedia.co.kr
페이스북	facebook.com/medicimedia
인스타그램	@medicimedia
홈페이지	www.medicimedia.co.kr